Anna Ślebioda

Ja.

Ania.

Ja

Kobieta

Z niepełnosprawnością

Redakcja: Joanna Sosnówka
Korekta: Patrycja Figlarska
Korekta techniczna: Karolina Kadłuczka
Projekt okładki i opracowanie graficzne: Monika Zalewska
Skład: InkWander

ISBN: 9788397221802

Limitless Mind Publishing Ltd
15 Carleton Road
Chichester
PO19 3NX
England
Tel. +44 7747761146
Email: office@limitlessmindpublishing.com

Drogi Czytelniku!

Znajdź nas na Facebook/Instagram:
limitless mind publishing
Odwiedź naszą stronę na Amazon
wpisując w wyszukiwarkę limitless mind publishing
lub skanując kod, aby zobaczyć nasze inne pozycje.

♥ *Będziemy bardzo wdzięczni za Twoją opinię na temat książki. To zna-*
czy dla nas wiele.

Zaakceptuj siebie. Kochaj siebie taką, jaką jesteś. Żeby ktoś Ciebie pokochał, musisz najpierw sama siebie pokochać.

Z jednej strony żyjemy w świecie przesyconym wyidealizowanymi wizerunkami z Instagrama, które są często nieosiągalne dla przeciętnego zjadacza chleba. Z drugiej – panuje trend akceptacji wszystkiego, co w Tobie niedoskonałe. Jak odnaleźć się w tym zamieszaniu? W którą stronę pójść?

A jak odnaleźć się w nim ma ktoś z niepełnosprawnością? Ktoś, kto nie dość, że nie postrzegał siebie jako kobiety, to nawet nie określał siebie mianem osoby?

Z pewnością musiał on przebyć długą podróż, i to w dwóch kierunkach: do wnętrza siebie i do świata osób niemających niepełnosprawności. I w taką podróż chciałabym Cię dziś zaprosić.

Tekst, który masz przed sobą, stanowi swoisty dziennik tej wyprawy. Ja wyruszyłam w nią już jakiś czas temu. Wtedy nie byłam pewna, dokąd mnie to zaprowadzi. Dziś już wiem, w jakim kierunku zmierzam.

Moim celem nie jest wytyczanie Twojego szlaku. Pokazując mój, chcę jedynie zainspirować Cię do poszukiwania własnego. A jeśli już został przez Ciebie wytyczony – być może po tej lekturze będziesz w stanie pomóc znaleźć go komuś, kto nadal szuka. Albo może nawet nie wie, że ma szansę go znaleźć i widzi ograniczenia tam, gdzie tak naprawdę ich nie ma.

Oprócz autentycznej historii znajdziesz tutaj sporą dawkę wiedzy na temat życia osób z niepełnosprawnością, inspirujące cytaty oraz wskazówki, które pomogą usystematyzować wszystko, o czym piszę i posłużą jako narzędzie do dalszej pracy nad zagadnieniami dotyczącymi kobiecości i niepełnosprawności.

Choć poruszana tutaj tematyka może jawić Ci się jako niszowa, a na co dzień niekoniecznie masz styczność z niepełnosprawnością, Ty również możesz znaleźć tutaj dawkę inspiracji do pracy nad sobą oraz działania pomimo niesprzyjających okoliczności przyrody (do których, jak się okazało w trakcie mojej wędrówki, wcale nie należała niepełnosprawność, a jedynie moje jej postrzeganie). Jeśli chcesz się podzielić przemyśleniami na temat treści tu zawartych, zapraszam do kontaktu mailowego: kontakt@annaslebioda.pl:).

Jeśli się znamy, a w opisywanych tutaj historiach rozpoznasz siebie to wiedz, że nie miałam zamiaru nikogo piętnować, a jedynie pokazać, że czasem jakieś konkretne, często nawet pozbawione intencji zranienia, zachowanie potrafi naprawdę zaboleć.

No to w drogę 😊

1

Moja niepełnosprawność, czyli… co?

Irytowanie się na moją niepełnosprawność byłoby stratą czasu. Ludzie

nie mają czasu dla kogoś, kto się ciągle złości i narzeka.

Stephen Hawking

Urodziłam się pod koniec lat osiemdziesiątych. Jak się okazuje, już sam moment mojego przyjścia na świat nie należał do zwyczajnych. Zresztą do dziś moje wejście jest ZAWSZE zauważalne – a to coś potrącę, a to odpadnie mi kółko od balkonika, albo drzwi pod jego naporem wydadzą dwa razy głośniejszy trzask niż fanfary na cześć królowej Timbuktu. (Czy Timbuktu ma w ogóle królową? W sumie to nie wiem, ale gdyby miało, to te fanfary i tak byłoby trudniej zarejestrować niż moje wejście).

Wracając do moich narodzin – trwały dziesięć godzin. Ostatecznie zakończyły się cesarskim cięciem. Wszystko dlatego, że główka nie chciała obrócić się w dół. No bo co mi będą kazać się przekręcać, jak mi było tak wygodnie? Jak już w końcu zorientowali się, że ze mną nie tak łatwo i im nie ustąpię, wyciągnęli mnie. I znowu się zbuntowałam, co było widać na skali Apgar. Zamiast dziesięciu punktów na starcie dostałam trzy, które po chwili urosły do sześciu i dziewięciu. Po latach naszła mnie myśl, czy to nie było preludium do dalszych historii zdrowotnych. Ale to tylko moja hipoteza. Nawet nie badawcza.

Mam brata, który jest o siedem lat starszy. Podobno kiedy mama zaszła w ciążę, on cały czas mówił, że chce siostrę. No i ma 😊

Moi rodzice? Na pierwszy rzut oka zwyczajne małżeństwo, które swoją nadzwyczajność pokazało, tocząc momentami wręcz krwiożerczą walkę o byt swoich dzieci. Ba, z jednym to nawet dwa rodzaje walki: najpierw o przeżycie, a później o jak najlepsze jego funkcjonowanie. Jeden z efektów tej walki będziecie mogli ocenić, czytając ten tekst 😊.

No, myślę, że po tych wstępach możemy przejść do punktu kulminacyjnego. A raczej do przyczyny powstania tej historii. A jest nią moja choroba. Trochę dziwnie mi o niej pisać, bo z okresu, w którym miała ona miejsce, nic nie pamiętam - miałam niecałe dwa lata. Wiem tylko, że pewnego dnia zaczęłam uskarżać się na ból zęba. Moja mama chodziła ze mną od lekarza do lekarza. Wszyscy powtarzali, że ząbkuję. Tymczasem pojawiły się jeszcze wymioty nad ranem, a ja z dnia na dzień robiłam się coraz słabsza. Mama, będąc pielęgniarką z wykształcenia i kierując się matczyną intuicją, nie wierzyła tym wyjaśnieniom. Ale co z tego, skoro była końcówka lat osiemdziesiątych i dostęp do służby zdrowia pozostawiał bardzo wiele do życzenia. W końcu, jakimś cudem, skonsultował mnie... ginekolog (Tak, tak. W wieku dwóch lat. Być może stąd późniejsze ciągoty w stronę naukowego przeanalizowania zagadnienia kobiecości w niepełnosprawności 😊) i skierował na tomograf głowy. Na zdjęciu widać było sporej wielkości guz móżdżku. W Poznaniu, w pobliżu którego mieszkaliśmy, nie było wówczas neurochirurga, dlatego przetransportowali mnie do Centrum Zdrowia

Dziecka w Warszawie. Tam wykonano operację. Guz został usunięty w całości (choć początkowo wcale nie było to takie pewne - spory obrzęk po zabiegu był przez niektórych interpretowany jako resztki nowotworu), ale wraz z nim pozbyli mnie trzech czwartych lewej półkuli móżdżku. (Dla tych, którzy nie pamiętają z biologii – móżdżek to położona niedaleko pnia mózgu część tyłomózgowia odpowiedzialna za równowagę i koordynację. A nie, stop! Za więcej funkcji. Niedawno naukowcy odkryli, że między innymi za pamięć emocjonalną. To by może tłumaczyło, dlaczego tak długo we mnie wszystko buzuje). Badanie wykazało drugi stopień złośliwości, obyło się zatem bez chemii. Za to nie obyło się bez corocznych kontroli, na które musieliśmy jeździć do stolicy z podpoznańskiego miasteczka. Maluchem. W cztery osoby. Trzysta kilometrów. Z tych podróży najbardziej pamiętam fasolkę po bretońsku, którą zamawialiśmy w bufecie szpitalnym na koniec dnia, już po badaniu i skonsultowaniu wyników.

Te kontrole to tylko niewielki ułamek całego procesu leczniczo-terapeutycznego, jakiemu musiałam się poddać. Usunięcie sporej części móżdżku spowodowało, że przestałam chodzić, czego z dokumentacji medycznej nie można wywnioskować. Podczas gdy ze stawiającej już pierwsze kroki dziewczynki stałam się kimś, kto nie potrafi nawet siedzieć, wypis mówi o „niewielkich zaburzeniach równowagi". Zresztą nie tylko tego. Nie było w nim ani słowa o porażeniu nerwu twarzowego, które było „skutkiem ubocznym" operacji. Próżno w nim szukać też zapisków o innych konsekwencjach. A przecież moi rodzice, mający styczność z medycyną tylko na poziomie ogólnym, nie mieli bladego pojęcia o tym, jak kształtować dalszą ścieżkę terapeutyczną. A niedokładne czy wręcz nieprawdziwe informacje w dokumentacji tylko pogarszały sytuację - nie było nawet do końca wiadomo, na co zwrócić uwagę. Ale przecież najważniejsze, że przeżyłam. I to był już wystarczająco dobry punkt wyjścia, żeby zacząć działać.

I tak, nie mając właśnie bladego pojęcia o tym, co dokładnie należy robić w takich przypadkach, zaczęliśmy działać. A właściwie moi rodzice zaczęli – przecież miałam dwa latka. Rehabilitacja ruszyła pełną parą. Oczywiście mówię o rehabilitacji, która była wtedy dostępna. A w zasadzie o tej, której nie było dostępnej wcale. Tak jak wspominałam już na początku, pochodzę z małego miasteczka pod Poznaniem. Do dziś mniejsza miejscowość oznacza mniej możliwości. Wyobraź sobie zatem, jak musiało to wyglądać na przełomie lat osiemdziesiątych i dziewięćdziesiątych. Dostęp do jakiejkolwiek terapii pozostawiał bardzo dużo do życzenia. Po latach, w naszej rodzinnej miejscowości, mamie udało się wywalczyć większe pomieszczenie, w którym odbywała się fizjoterapia dla pacjentów z mojej miejscowości i okolicznych wiosek. Oczywiście marzeniem ściętej głowy była taka, nastawiona na indywidualne potrzeby pacjenta. Jedyną dostępną była ta, która owszem, poprawiała stan ogólny, ale w dłuższej perspektywie nie stawiała sobie za cel ani usamodzielniania, ani pracy nad konkretnymi funkcjami organizmu, które zostały uszkodzone. Trudno w tym szukać czyjejkolwiek winy, po prostu taki był wtedy system.

Na moje pytania, czy kiedyś będę chodzić, moja mama zawsze odpowiadała, że tak. Być może dlatego wykształciłam w sobie taki ośli upór w dążeniu do sprawności, który, choć gdzieś tam na początku liceum osłabł (wbrew odpowiedziom mojej mamy nic nie wskazywało na to, że samodzielne chodzenie jest możliwe), to ożywił się znów w momencie, kiedy zaczęłam sama odkrywać coraz to nowsze formy terapii. Pomyślałam sobie wtedy, że na własną rękę spróbuję poszukać rozwiązań dla siebie. Znając biegle dwa języki i mając do dyspozycji internet, widziałam duże możliwości.

Moje pierwsze świadome wspomnienia sięgają wieku trzech lat. W zasadzie są to raczej migawki. W każdym razie w tych migawkach już nie potrafię chodzić. I wierzę, że kiedyś zacznę.

Jednocześnie, przez całe dzieciństwo, moja niepełnosprawność jest dla mnie czymś normalnym. Jako mała dziewczynka nie wstydzę się jej. Właściwie, jako nastolatka czy młoda dorosła, też się nie wstydzę. Tyle tylko, że uważam, że bez niej miałabym wszystko – wymarzoną pracę, relacje, rodzinę, dzieci. Krótko mówiąc, byłoby mi lepiej niż tej królowej Timbuktu. Nawet nie potrzebowałabym tych fanfar.

Czyli już wiesz, że od momentu pojawienia się niepełnosprawności traktuję ją raczej w kategorii ograniczenia. (To, że była dla mnie naturalnym stanem rzeczy nie uchroniło mnie przed zetknięciem się z postrzeganiem społecznym niepełnosprawności jako czegoś wykluczającego spełnienie i przyjęciem tego sposobu myślenia za swoje.) Jednocześnie mam przekonanie, że jej zwalczenie pozwoli mi na życie, o którym marzę. Moje postrzeganie wpisuje się w tak zwany model medyczny niepełnosprawności. Niepełnosprawność traktuje się w nim w zasadzie jak chorobę, którą można leczyć. Za to jej wyleczenie jest tak naprawdę sprawą danej osoby. W odpowiedzi na ten model powstał model społeczny. Według niego niepełnosprawność ma swoje źródła w społeczeństwie, przede wszystkim w braku dostosowań. Modelowi temu zarzucano jednak brak uwzględnienia osobistych doświadczeń danej osoby. Konwencja ONZ o Prawach Osób Niepełnosprawnych z kolei mówi, że:

Niepełnosprawność jest pojęciem ewoluującym i (…) wynika z interakcji pomiędzy osobami z dysfunkcjami a barierami środowiskowymi i wynikającymi z postaw ludzkich.

Znając życie, za jakiś czas ta definicja się zmieni. Obecnie jednak, ma ona trzy komponenty. Wśród nich na pewno nie ma ograniczenia wynikającego z funkcjonowania organizmu. Gdybym to wiedziała lata temu, uniknęłabym z pewnością mnóstwa nieprzyjemnych dla mnie sytuacji. Ale z drugiej strony, nie pisałabym teraz tych słów. A już na pewno nie prosiłabym Cię o zastanowienie się nad własną interpretacją niepełnosprawności ☺ Pomoże Ci w tym karta pracy numer 1.

KARTA PRACY NR 1

NIEPEŁNOSPRAWNOŚĆ

Zadanie 1

Wypisz wszystko, co kojarzy Ci się z niepełnosprawnością.

Zadanie 2

Pogrupuj swoje skojarzenia na negatywne, pozytywne i neutralne.

Skojarzenia POZYTYWNE	Skojarzenia NEGATYWNE	Skojarzenia NEUTRALNE

16

Zadanie 3

Na podstawie podziału z poprzedniego zadania sformułuj trzy definicje niepełnosprawności akcentujące odpowiednio skojarzenia pozytywne, negatywne i neutralne.

Definicja na bazie skojarzeń negatywnych

____

____

____

____

____

____

Definicja na bazie skojarzeń neutralnych

____

____

____

____

____

____

____

____

____

____

____

____

Jeśli w poprzednim zadaniu jedna z kolumn tabeli okazała się pusta, spróbuj ją uzupełnić i przejdź do konstruowania definicji.

2

W dżungli uprzedzeń i stereotypów.

*W większości przypadków ludzie grzęzną w znanych sobie wzorach
i schematach niczym igła gramofonu w rowku płyty, i nigdy się z nich
nie wydostają.*

Steve Jobs

Dziś na postępowanie według stereotypów czy uprzedzeń reaguję zupełnie inaczej niż kiedyś. Wynika to niewątpliwie z metamorfozy mojego myślenia, o której opowiem trochę więcej później. Tutaj chciałabym jedynie zaznaczyć, że zanim ona nastąpiła i zanim nauczyłam się odpowiednio reagować, KAŻDE zachowanie nacechowane choć w niewielkim stopniu stereotypowo kosztowało mnie naprawdę sporo łez i stresu.

Zanim przejdę do konkretnych stereotypów, wyjaśnijmy sobie, czym tak naprawdę one są. Pojęcie to zostało ukute już w latach 20. XX wieku, a oznacza:

Obrazy (...) dotyczące świata zewnętrznego, który każda jednostka tworzy w swojej głowie. Obrazy te przyjmują różnoraką postać: schematów, szablonów, skryptów i sugerują, jakie informacje powinny zostać przyswojone i zapamiętane, a jakie można zmarginalizować czy wręcz pominąć. (W. Lippman, Public Opinion).

No to jak to jest: przecież obrazy, pomagające bądź co bądź porządkować rzeczywistość i selekcjonować informacje, nie mogą być złe. Ano mogą. A w zasadzie mogą być powodem krzywdzącego zachowania. A idąc dalej – prowadzić do uprzedzeń.

Przechodząc już do konkretów: jakie stereotypy ja odczułam najdotkliwiej? Wymieniłabym tutaj trzy:

A. Utożsamianie niepełnosprawności fizycznej z brakiem możliwości rozumienia pewnych komunikatów.

Jeśli do takich sytuacji dochodziło, potrafiłam mieć z nich całkiem niezły ubaw (oczywiście kiedy już wszystko poukładałam sobie w głowie).

Pamiętam, jak kiedyś szłyśmy z mamą coś załatwić (z tego, co kojarzę, musiałyśmy być obecne obie). Ja już wtedy poruszałam się o balkoniku (do 26. roku życia chodziłam tylko pod rękę, ale o tym też później). Przed wejściem do kancelarii znajdowały się schody. Nie było tam chyba nawet poręczy. Załatwienie całej sprawy miało zająć około 10 minut, więc rozsądniej było zostawić balkonik i wejść z mamą pod rękę. W środku, po uzgodnieniu tego, co do uzgodnienia było, usłyszałam pytanie: „A rehabilitację ma?". Ponieważ dotyczyło ono jednak mojej osoby, nie omieszkałam odpowiedzieć: „Nie. Siłownię i trenera personalnego" (co akurat na tamten moment było prawdą). Zobaczyć minę osoby, która to pytanie postawiła – bezcenne. Z jej twarzy można było wyczytać coś w stylu: „Ona mówi! I rozumie! Jak to w ogóle możliwe???".

Jeszcze bardziej jaskrawa sytuacja miała miejsce podczas wypadu ze znajomymi nad jezioro. Siedzieliśmy w ogródkach przy plaży, a tu nagle do naszej grupki podchodzi jakiś mężczyzna i głośnym szeptem pyta osobę siedzącą obok mnie, czy może dać mi pieniądze. Nie dość, że pytanie znowu nie zostało skierowane do mnie, to jeszcze zostało tutaj założone, że skoro mam niepełnosprawność, to najprawdopodobniej brakuje mi pieniędzy.

Tak na marginesie, jeszcze całkiem niedawno od sąsiada mieszkającego kilka pięter nade mną usłyszałam pytanie: „Pani na rencie, prawda?". Jak widać, aktywność zawodowa osób z niepełnosprawnością nadal pozostaje abstrakcją dla niektórych. A że wysokość świadczeń socjalnych nie jest w naszym kraju zbyt wysoka, to do założenia, że klepię biedę, niedaleko. Zresztą krótko po wprowadzeniu się do mieszkania, w którym mieszkam obecnie, miałam niespodziewaną wizytę pań z osiedla, które przyniosły paczkę na święta. Innym razem z kolei, kiedy zaczepiłam kogoś, żeby pomógł mi zejść po schodach (jeśli ktoś zniesie mi balkonik, sama nie mam problemu ze schodzeniem przy poręczy), minął mnie bez słowa. Nie minęła minuta, a ten ktoś się cofa i mówi: „Przepraszam, Pani chciała zejść?". Odpowiadam, że tak (faktycznie, nie doprecyzowałam. Zadałam tylko pytanie: „Czy mogę prosić o pomoc?", myśląc, że oczywiste jest, o jaką pomoc chodzi). „Aaa, bo ja myślałam, że Pani prosi o pieniądze".

Wracając do przekonania, że trzeba zwracać się do osoby mi towarzyszącej, a nie do mnie: zauważyłam tutaj pewną prawidłowość, im bardziej zależny człowiek się wydaje, tym to zjawisko jest intensywniejsze. Kilka razy zdarzyło mi się być na Poznańskiej Pielgrzymce na Jasną Górę. W zasadzie chciałam iść na nią od małego, ale, z przyczyn już Ci bardzo dobrze znanych, nie mogłam. Któregoś roku, kiedy to pragnienie znów się we mnie obudziło, moja ówczesna psycholożka zaproponowała skorzystanie z wózka. Długo biłam się z myślami, bo choć wiem, że wózek to też narzędzie niezależności umożliwiające aktywność (dlatego strasznie nie lubię określenia „przykuty do wózka"), to jednak nie jest mój świat - na co dzień chodzę, i to nawet sporo, więc trudno mi z tego zrezygnować. Ale jeszcze nawet na ten moment, w którym to piszę, to jedyny możliwy sposób. I to nie ze względu na odległość, ale zbyt szybkie tempo, którego nie jestem w stanie dotrzymać. Ze względu na to, że na co dzień wózka nie używam, nie zdecydowałam się na zakup wózka aktywnego (czyli, w największym uproszczeniu takiego, którym można poruszać się samodzielnie odpowiednio sterując ciągami przy kołach). Ze względu na koszty, które w przypadku wózka aktywnego są naprawdę spore, a których ponoszenie w tej sytuacji byłoby bezzasadne, zostałam przy wózku, który wymaga pchania przez osoby trzecie. Wytłumaczyć całą sytuację osobom, które widzą mnie po raz pierwszy, bywa naprawdę trudno. Któregoś razu ktoś spytał osobę, która w tamtym momencie mnie pchała: „Jak długo na wózku?". Ja, zgodnie z prawdą, odpowiedziałam, że w zasadzie to ja w ogóle na wózku nie jestem. Chyba nie do końca uwierzył ;)

Skoro już jestem przy temacie pielgrzymki, pozwolę sobie tutaj przytoczyć jeszcze jedną historię, związaną z innym przekonaniem na temat niepełnosprawności. Podczas całej dziesięciodniowej pielgrzymki nie mam ze sobą balkonika (decydują o tym względy logistyczne - skoro nie używałabym go na trasie, musiałby cały czas jeździć w bagażówce, z pozostałymi torbami. Raz, że zajmowałby niepotrzebnie miejsce, a dwa, że zwyczajnie bałabym się, że podczas takiego masowego transportu ulegnie uszkodzeniu). Dostaję go z powrotem już na Jasnej Górze i do kaplicy Cudownego Obrazu wchodzę sama. Któregoś razu, przed wejściem, czekała dziennikarka radiowa. Zgodziłam się na krótką wymianę zdań. I chyba słusznie, bo miałam okazję odczarować pewne przekonanie, które jeszcze chyba jest dość powszechne:

- Rozumiem, że Twoją intencją jest poprawa Twojego stanu zdrowia?
- Yyy… niekoniecznie.
- Nie???
- Nie, jeśli zacznę lepiej chodzić, to świetnie, ale mam inne priorytety.

Naprawdę największym marzeniem kogoś, kto ma niepełnosprawność, nie jest odzyskanie sprawności. Mamy inne, a sprawność czasem w ogóle do nich nie należy.

Jak widzisz, przy okazji omawiania jednego sposobu postrzegania, mam w zanadrzu historie tylko pośrednio z nim związane. Wynika to ze złożoności doświadczeń związanych z niepełnosprawnością, które nawet czasem trudno sklasyfikować, a które kazały mi nieco odbiec od tematyki punktu A. Obiecuję, że w kolejnych punktach postaram się już trzymać głównego wątku ;)

Wózek rehabilitacyjny (fot. Pixabay)

Wózek aktywny (fot. Pixabay)

Pielgrzymka 2023

B. Infantylizacja, czyli traktowanie jak dziecko.

Można ją zauważyć najczęściej w sytuacjach, kiedy osoba z niepełnosprawnością potrzebuje wsparcia osoby trzeciej w postaci jej obecności podczas wizyt w urzędzie/u lekarza itp.

Tutaj nie starczyłoby mi chyba miejsca, żeby opisać je wszystkie. Kiedy najczęściej ich doświadczałam? Chyba podczas wizyt u lekarza. Oczywiście w czasach, kiedy potrzebowałam, żeby do gabinetu ktoś mnie wprowadził (wtedy nie poruszałam się jeszcze przy balkoniku, tylko chodziłam pod rękę) i zostawał w środku na wypadek, gdyby w trakcie wizyty potrzeba było przejść z jednego miejsca do drugiego.

Zazwyczaj tym kimś była mama, bo to ona przejęła lwią część aktywności związanych z wspieraniem mnie w codziennym funkcjonowaniu. Wówczas notorycznie rozmowa była o pacjentce, a nie z pacjentką. Nawet kiedy dawno skończyłam już te osiemnaście lat. Dziś już do takich sytuacji nie dochodzi, bo mam ten swój balkonik i do gabinetu mogę wejść sama. A ten, kto w nim siedzi, chcąc nie chcąc, musi mówić do mnie 😊

Pewną odmianą infantylizacji jest dla mnie również odgórne zakładanie niesamodzielności. Tutaj przypomina mi się następujący dialog:

- Pani mieszka z rodziną? (ton głosu osoby pytającej wskazywał na oczekiwanie potwierdzenia hipotezy zawartej w pytaniu).
- Nie, sama.
- Sama? Ale gdzieś blisko mieszka ktoś (w domyśle: z rodziny), kto Pani może pomóc?
- Jeśli trzydzieści kilometrów to blisko, to tak.

Żałowałam tylko, że nie odpowiedziałam, że ja zasadniczo pomocy w codziennych czynnościach nie wymagam, bo sama piorę, sprzątam, gotuję, a nawet sama zjem, to, co przyrządzę.

C. Niedostrzeganie we mnie kobiety (zwłaszcza w kontekście relacji damsko-męskich).

Tą postawę chyba zawsze odczuwałam najdotkliwiej. W zasadzie w pewnym momencie doszłam do wniosku, że to właśnie ona stała się głównym powodem, dla którego w doktoracie zajęłam się zagadnieniem kobiecości w niepełnosprawności. Ściślej rzecz ujmując, tym powodem stał się fakt, że jako kobieta czułam się niewidzialna. Inna sprawa, że kobiecość rozumiałam kiedyś tylko przez pryzmat relacji romantycznych i ową niewidzialność odczuwałam chyba najbardziej (o ile nie jedynie) w tym kontekście. Swoją drogą, chyba nie byłam w tym odosobniona. Wiele rozmów z moimi rówieśniczkami z tamtego okresu potwierdzało, że wszystkie szukamy swoistego lustra w męskich oczach. A że moja atrakcyjność fizyczna na skutek niepełnosprawności daleko odbiegała od standardów, ja do tego lustra w zasadzie nie miałam dostępu. Chociaż z perspektywy czasu stwierdzam, że ten dostęp sama sobie po części zamknęłam, nigdy nie stawiając siebie w roli dziewczyny „do wzięcia". Na swoje usprawiedliwienie mam chyba tylko to, że co jakiś czas pojawiały się głosy, że z racji swojej niepełnosprawności zostanę sama. Żeby zacytować niektóre: „Mąż? Dzieci? Pewnie nie…" albo : „Faceci patrzą na wygląd i Tobie będzie trudno kogoś znaleźć". A że przeciwwagi do tych głosów nie było, trudno też było nie uznać ich za prawdziwe. Mi pozostawał jedynie bunt. I nawet pozbywszy się z biegiem czasu żalu do osób, które te słowa wypowiadały, samo ich brzmienie zostawało we mnie na dużo dłużej.

Pamiętam, jak kiedyś, będąc już studentką, stałam na przystanku ze znajomą pomagającą mi dotrzeć na zajęcia (w trakcie studiów nadal nie miałam balkonika i chodziłam pod rękę, więc trzeba było organizować kogoś, kto zaprowadzi mnie i odbierze z wykładów). W pewnym momencie, pomijając już w jakim kontekście (nie chciałabym zbyt mocno wchodzić w historię tej dziewczyny), padają słowa: „No bo wiesz, kto zwiąże się z kaleką dziewczyną?". Ja miałam już dzień stracony, a na koncie były już kolejne słowa, które utkwiły w moim wnętrzu na długo.

Słowa, które słyszymy w naszym życiu, a które uznajemy za prawdziwe, potrafią wykreować rzeczywistość. Niczym samospełniające się proroctwo. Tak też było i w tym przypadku.

Jak wszyscy wiemy, podstawówka to czas pierwszych miłości (w sumie to może i przedszkole, ale ja do przedszkola nie chodziłam). Mnie one też nie ominęły. Na moje szczęście głównie podkochiwałam się w piosenkarzach. Dlaczego na moje szczęście? Ano dlatego, że taka miłość i tak była nierealna. No bo nie czarujmy się, mając widoczną niepełnosprawność ruchową, w wyniku której czujesz się inna, trudno kogokolwiek sobą zainteresować. Przynajmniej tak wtedy myślałam ☺. Bo tak naprawdę tutaj nie chodzi o samą niepełnosprawność, ale o nastawienie. A to musisz przepracować. Nie powiem, w momencie pojawienia się w szkole tradycji poczty walentynkowej, kiedy delegacja chodząca z klasy do klasy rozdawała kartki z wyznaniami miłosnymi, co roku liczyłam, że jakąś dostanę. No i prawie co roku się przeliczałam :P Prawie, bo jednego roku w końcu usłyszałam, że mają kartkę zaadresowaną do mnie! Chłopak z klasy, nie wiedzieć czemu, postanowił mi napisać kilka zdań 🙂 Ale to był tylko ten jeden rok. W pozostałych latach zostawałam bez kartki. Mogłam się jedynie solidaryzować z dziewczynami, które takiej kartki też nie dostawały. Permanentnie nie dostawały. Marne pocieszenie, ale zawsze.

Szkoła średnia to z kolei czas pierwszych poważnych bali. Pamiętam, że już kiedy oglądałam nagranie ze studniówki mojego siedem lat starszego brata, wyobrażałam sobie, że to moja impreza, na którą porwał mnie jakiś książę. Kiedy przyszło co do czego, okazało się, że księcia nie ma. I wtedy nie chodziło mi nawet o to, że mam z nim tworzyć jakąś relację. Po prostu, żeby ze mną poszedł. Na studniówkę nawet próbowałam kogoś zaprosić. Oczywiście przez kogoś, bo zabrakło mi odwagi, żeby spytać osobiście. Zgodnie z moimi obawami, odmówił. A ja znowu miałam czarne myśli. Ostatecznie na połowinki i na studniówkę wzięłam kuzynów. Bawiłam się super, ale jakiś taki niedosyt pozostał. Bo przecież oni byli z rodziny, a ja chciałam iść jednak z kimś spoza jej kręgów. Swego rodzaju „kosza" dostałam też, kiedy spytałam jednego chłopaka z innej klasy, czy zatańczy ze mną poloneza (nauczycielka dopasowała układ do moich możliwości). Na szczęście inny się zgodził ;)

Zdarzało się, że na imprezy rodzinne już w wieku dorosłym byłam zapraszana sama (inni, choć też nie byli w stałych związkach, dostawali zaproszenia z osobami towarzyszącymi). W pewnym momencie się wściekłam i nie poszłam w ogóle, nikogo nie uprzedzając. Chyba poskutkowało 🙂

Ominięcie imprezy było tym dotkliwsze, że ja zasadniczo imprezy lubię. Tylko lubię je wtedy, jeśli mogę potańczyć. A mogę potańczyć głównie wtedy, jeśli komuś zadziała połączenie: „Dziewczynę z balkonikiem można też poprosić do tańca". A to niestety należy do rzadkości. Ale tutaj też znalazłam sposób - przecież nie mam zamiaru podpierać ścian. Jeśli na imprezę idę sama, to… sama też proszę. W końcu równouprawnienie. A inaczej bym się często nie doczekała.

D. Łączenie niepełnosprawności z cierpieniem.

Mechanizm ten zauważyć można już na poziomie językowym. Wyrażenia typu „Cierpi na Mózgowe Porażenie Dziecięce" czy „Cierpi na epilepsję" są w powszechnym użyciu. Ja zawsze komentuję je, że jedyne na co cierpię, to niedoczas, a zespół móżdżkowy mam.

Dlaczego to ma znaczenie? Jako wykształcona lingwistka stoję na straży tezy, że język tworzy rzeczywistość. A ta, jeśli chodzi o osoby z niepełnosprawnością, i tak już pełna jest przekonań, że „im to tak ciężko".

Kiedyś na przystanku, podczas krótkiej wymiany zdań, mój współrozmówca wybuchł płaczem. Dlaczego? Otóż było mu „przykro, że tak cierpię". Ja też o mało nie wybuchnęłam, tylko że… śmiechem. Chociaż dobrze, że się powstrzymałam, bo wyszłabym na niewrażliwą.

Kilka razy na ulicy usłyszałam z kolei słowa: „Taka ładna, a takim wózkiem jeździ". Nie było przestrzeni na wprowadzenie rozróżnienia wózka i balkonika, ani na wyjaśnienia, że balkonik, zwany wózkiem, tak naprawdę nie przysparza mi żadnych trudności, wręcz odwrotnie - ułatwia życie. Ale przynajmniej usłyszałam, że jestem ładna ;)

Innym określeniem, którego użycie mnie mierzi, a które wzmacnia obraz niepełnosprawności jako cierpienia czy przeszkody, to „Zmaga się/walczy z niepełnosprawnością". Moim zdaniem, takie postawienie sprawy wyklucza akceptację niepełnosprawności. A bez niej ani rusz.

Na drugim biegunie stoi przekonanie, jakoby zwykłe czynności dnia codziennego, które wykonuję (praca, pranie, sprzątanie etc.) były bohaterstwem na miarę Froda z „Władcy Pierścieni". Tymczasem ja po prostu żyję. Fakt, czasem trzeba się nagłowić, jak z zaburzeniami równowagi wejść na parapet, żeby poprawić roletę, która się zahaczyła. Ale to po prostu część mojej codzienności.

E. Samowykluczenie.

W pewnym momencie zdałam sobie sprawę, że w niektórych sytuacjach osobą wykluczającą jestem… ja sama. Poddając się przekonaniu, że niepełnosprawność czyni Cię kimś z innej kategorii, zamykasz się na drugiego człowieka, a co za tym idzie - na aktywne życie, oczywiście na miarę Twoich możliwości. A mówiąc dokładniej - zakładając, że niepełnosprawność przeszkadza Ci w nawiązywaniu kontaktów i w podejmowaniu aktywności, w ogóle się o to nie starasz. To prawda, że w okresie, kiedy jeszcze nie poruszałam się z balkonikiem, trudniej było mi wyjść do ludzi. Ale w momencie, kiedy zagościł on już w moim życiu na stałe i mogłam już więcej zdziałać w tym temacie, nadal działałam w schemacie: „Przecież mam niepełnosprawność i nie mogę". Dopiero z czasem uświadomiłam sobie, że przecież dopóki ja nie wyjdę z inicjatywą, to nikt nawet się nie dowie, że w ogóle istnieję.

Inna sprawa, że przekonanie: „ie potrafię" blokuje Ci drogę do odkrywania tego, że dasz radę. Pewnego roku wybrałam się na szkołę letnią do Wiednia. Wszystkie wykłady odbywały się w klasztorze, w którym jednocześnie mieszkali uczestnicy. Klasztory zazwyczaj charakteryzują się tym, że jest w nich pełno schodów. W tym było podobnie, w związku z czym, jakiekolwiek wyjście poza jego teren było dla mnie mocno utrudnione. Całymi dniami odbywały się zajęcia, więc czas na wyjście miałabym dopiero wieczorem, a trudno było prosić obcych ludzi, o czekanie na mój sygnał, kiedy wrócę. aby wnieśli mój balkonik do środka. (Oczywiście było to możliwe, ale krępowałam się poprosić o coś takiego osoby, które znałam zaledwie kilka dni. Tym bardziej, że każdy zostawał na miejscu i na spacery wybierał dziedziniec klasztoru). Moja radość była więc ogromna, kiedy usłyszałam, że w ostatni dzień pobytu planowany jest „Spaziergang" (spacer). Nie przysłuchując się dokładnie, dokąd, pobiegłam (jakkolwiek by to w moim kontekście nie zabrzmiało) się przygotowywać. Wprawdzie usłyszałam, że cała wyprawa jest na jakiś „Berg", ale mimo że napisałam po niemiecku doktorat (więcej o nim napiszę trochę później), jakoś nie pomyślałam, że chodzi o górę. Zorientowałam się dopiero w trakcie wyprawy, kiedy teren zaczął się robić nierówny, że zmierzamy na Kahlenberg - wzgórze, z którego Jan III Sobieski dowodził zwycięską bitwą nad Turkami, a które ma wysokość 484 m n. p. m. Dla kogoś, kto wspina się regularnie, to może niewiele, ale dla kogoś z balkonikiem to już całkiem niezła wysokość. Ale w tym epizodzie ważniejsze jest co innego - gdybym wiedziała wcześniej, dokąd idziemy, zrezygnowałabym w przekonaniu, że nie dam rady. Jak widać, czasem niewiedza potrafi dać większe możliwości.

To właśnie tego typu postawy stoją u podstaw wykluczenia. Moim zdaniem mają one jeszcze większą moc sprawczą niż bariery architektoniczne/środowiskowe, które z pozytywnym nastawieniem dużo łatwiej pokonać.

Prawda jest taka, że przez dżunglę stereotypów i uprzedzeń przedziera się codziennie każdy z nas. Niezależnie od stopnia sprawności. Jestem bardzo ciekawa, jak Ty sobie z nią radzisz. W odpowiedzi na to pytanie pomoże Ci karta pracy nr 2.

KARTA PRACY NR 2

STEREOTYPY i UPRZEDZENIA

Zadanie nr 1

Co wiesz o osobach z niepełnosprawnością[1]?

____

____

____

____

____

____

____

____

____

---

[1] Rozróżnienie między „osobą z niepełnosprawnością" a „osobą niepełnosprawną"
odzwierciedla różnicę między tzw. person-first language a identity-first language.
W pierwszym przypadku podkreśla się, że to osoba jest najważniejsza
i niepełnosprawność jej nie definiuje. W drugim z kolei podkreśla się fakt, że
niepełnosprawność jest częścią tożsamości. Osobiście bliżej mi do drugiego
przypadku. Bo o ile niepełnosprawność, nie zdefiniowała tego, czy jestem osobą
a idąc dalej, kobietą, o tyle wpłynęła niewątpliwie na to, JAKA jestem. Dlatego
w moich pracach naukowych wybieram właśnie to określenie, oczywiście
odpowiednio uzasadniając swój wybór. Jednak zdając sobie sprawę, że kładzie się
duży nacisk na używanie określenia "osoby z niepełnosprawnością" (choć obie
formy są poprawne), w pozostałych tekstach sama się na nią decyduję.

Zadanie nr 2

Co słyszałeś o osobach z niepełnosprawnością?

Zadanie nr 3

Skonfrontuj swoją wiedzę z tym, co słyszałeś. Jak się ma jedno do drugiego?

3

No to jestem tą kobietą czy nie?

Być kobietą, być kobietą, marzę ciągle będąc dzieckiem.

Magdalena Czapińska

Wspomniane w poprzedniej części wydarzenia (a także inne) sprawiały, że w ogóle nie czułam się postrzegana jako kobieta. Kiedy już weszłam w tą kobiecość od strony naukowej[1] to z kolei wszystkie teorie ostatniej fali feminizmu były nie do końca moje (nie żebym sama siebie nie uważała za feministkę. Ale taką trochę bardziej... jakby to powiedzieć... retro? Ortodoksyjną? Tradycjonalistyczną? Co oczywiście nie oznacza, że tych bardziej liberalnych nie szanuję ☺). I tak szukałam... i szukałam... i szukałam... aż w końcu znalazłam. Edytę Stein. Jeśli wiesz kto to, być może złapiesz się za głowę i pomyślisz, że nie uprawiam nauki, tylko ewangelizuję. Proszę bardzo. Ja wiem swoje ☺

Edyta Stein urodziła się 12 października 1891 r. we Wrocławiu. Była jedenastym dzieckiem głęboko wierzącej, żydowskiej rodziny. Niedługo po jej narodzinach zmarł jej tata, a mama przejęła po nim prowadzenie tartaku.

Edyta była bardzo dobrą uczennicą. W wieku czternastu lat, przez osiem miesięcy mieszkała u starszej siostry. Wtedy zerwała z praktykowaniem religii. Po powrocie rozpoczęła naukę w gimnazjum. Gorliwe

---

[1] (w chwili pracy nad książką mam na koncie napisany doktorat na temat kobiecości w niepełnosprawności. W wyniku różnych wydarzeń nie doszło do jego obrony, ale cały czas o nią zabiegam),

praktykowany judaizm w rodzinnym domu nie przeszkodził jej w klasyfikowaniu siebie jako ateistki. W 1911 r. rozpoczęła studia we Wrocławiu. Dwa lata później wyjechała do Getyngi, gdzie studiowała m. in. pod okiem E. Husserla. Przyświecało jej poszukiwanie prawdy. Rozpoczęła pracę nad doktoratem, przerwał ją jednak wybuch i Wojny Światowej.

Pełniąc służbę w Czerwonym Krzyżu pomagała zakaźnie chorym. Po upływie pół roku została zwolniona ze służby sanitarnej. W 1916 r. została asystentką E. Husserla we Fryburgu, a rok później uzyskała tytuł doktorski. W Getyndze poznała m. in. M. Schelera, dzięki któremu zetknęła się z chrześcijaństwem.

Decyzję o zostaniu katoliczką podjęła po całonocnej lekturze autobiografii Teresy z Avila, w której dostrzegła tak bardzo poszukiwaną prawdę. Nie oznaczało to jednak zerwania z żydowskimi korzeniami. Wręcz przeciwnie - przyczyniło się do „powrotu do źródeł".

Bardzo aktywne życie naukowczyni i wykładowczyni było od momentu przyjęcia chrztu przepełnione modlitwą. Zostało poniekąd zakłócone dojściem Hitlera do władzy. Poniekąd, bo przeniosła się do Kolonii, gdzie wstąpiła do Karmelu, w którym przyjęła imię Teresa Benedykta od Krzyża.

Ze względu na swoje żydowskie pochodzenie postanowiła przenieść się do klasztoru w holenderskim Echt. Nie pozwoliło uniknąć jej to aresztowania przez Gestapo. Wraz z siostrą Różą została przewieziona do Auschwitz, gdzie zginęła 9 sierpnia 1942 r.

Już sama osoba Edyty ujęła mnie swoim uporem w dążeniu do prawdy, a jednocześnie trwaniem przy swoich korzeniach. Przekładając to na moją sytuację: ja również chciałam znaleźć prawdę o sobie, nie odżegnując się jednocześnie od niepełnosprawności, która, jakby nie patrzeć, stanowiła jednak pewien rdzeń.

Edyta była filozofką i właśnie w filozofii (owszem, chrześcijańskiej) osadziłam swoje rozważania. Ale to nie jest miejsce, żeby tą filozofię uprawiać ☺ Chciałabym tylko zwrócić uwagę na centralne pojęcie, z którego, w świetle jej teorii, wypływa kobiecość.

DUSZA

Według niektórych teorii duchowość łączy się z psychiką. Ja jestem zwolenniczką tych, które te dwie sfery oddzielają. Ty myśl jak chcesz. Nie chcę Cię do niczego namawiać, a jedynie pokazać, że u mnie to działa.

Dla Edyty Stein dusza stanowi rodzaj centrum bytu ukierunkowanego na wymiar wewnętrzny. Ma ona trzy rodzaje zadań: samorozwój, formowanie ciała i dążenie do zjednoczenia z Bogiem. Na podstawie analizy dzieł Goethego, Undset i Ibsena, Edyta Stein stwierdza z kolei, że dusze kobiet łączy „pragnienie dawania i brania miłości oraz wyjścia z ciasnoty faktycznego, aktualnego bytowania, by osiągnąć wyższy stopień istnienia i działania".

Według Edyty Stein człowiek jest złożony z ciała i duszy, które mają osobową postać. Osobowa postać oznacza, że mieszka w nich „ja" świadome samego siebie i wolne. Do tej świadomości samej siebie i wolności było mi na początku mojej pracy nad doktoratem bardzo daleko. Mówię tutaj o PRAWDZIWEJ świadomości siebie, a nie świadomości skoncentrowanej na swoich ograniczeniach – przez długi czas właśnie tak wszystko postrzegałam. A w takim stanie osiągnięcie wolności jest w zasadzie niemożliwe. Upłynęły długie lata, zanim zrozumiałam, że wolność i niezależność nie polegają na samowystarczalności. Jestem przecież w stanie podjąć wolną decyzję, że w danej czynności potrzebuję wsparcia. Idąc dalej, mogę zdecydować, jak ono ma wyglądać.

Według Edyty Stein każdy proces zachodzący w człowieku ma charakter cielesno-psychiczny. Nic więc dziwnego, że fakt posiadania takiego a nie innego ciała wpływa na kondycję psychiczną człowieka. Na moją wpłynął bardzo ☺ Chociaż tak naprawdę wpłynęło na nią postrzeganie tego ciała. Nie tylko przez innych, ale także, a może przede wszystkim, przeze mnie.

No dobra. To co z tą duszą? Aha, że z niej wypływa kobiecość. Tylko co dalej, jak tego nikt zdaje się nie dostrzegać? Ok, logiczne, że duszy nie zobaczy. Ale mnie już tak. Czyli wychodzi na to, że ja tą kobiecość mam, tylko na razie w środku? To teraz jak ją wydobyć?

To pytanie zaczęło być dla mnie kluczowe.

Kluczowe wydają się również interpretacja i postrzeganie kobiecości. Do przeanalizowania tych zagadnień zapraszam Cię w kolejnej karcie pracy.

KARTA PRACY NR 3

KOBIECOŚĆ

Zadanie 1

Wypisz wszystko, co kojarzy Ci się z kobiecością.

Zadanie 2

Pogrupuj swoje skojarzenia na negatywne, pozytywne i neutralne.

Skojarzenia POZYTYWNE	Skojarzenia NEGATYWNE	Skojarzenia NEUTRALNE

45

Zadanie 3

Na podstawie podziału z poprzedniego zadania sformułuj trzy definicje kobiecości akcentujące odpowiednio skojarzenia pozytywne, negatywne i neutralne.

Definicja na bazie skojarzeń negatywnych

Definicja na bazie skojarzeń neutralnych

Definicja na bazie skojarzeń pozytywnych

Jeśli w poprzednim zadaniu jedna z kolumn tabeli okazała się pusta, spróbuj ją uzupełnić i przejdź do konstruowania definicji.

4

Kobiecość a niepełnosprawność.

Jacek Cygan

Zarówno sygnały z zewnątrz, jak i myślenie o sobie samej sprawiało, że w moim przekonaniu niepełnosprawność przekreślała kobiecość. Kiedyś spróbowałam sobie to rozłożyć na czynniki pierwsze. I tak wyodrębniłam dwa elementy, które mogły o tym decydować.

1. Wygląd

Akceptuj swoje ciało takim, jakie jest. Dobre sobie. W sumie to może nawet i prawdziwe, ale niewykonalne, jeśli tak bardzo różnisz się od innych. Przynajmniej dla mnie takie było. Bo tu już nawet nie chodziło o kategorię ładna/brzydka. (Patrząc na siebie w lustrze stwierdzałam, że chyba nie jest najgorzej. W każdym razie do określenia siebie „brzydką" było mi daleko 😊). Chodziło o to, że wyglądam po prostu inaczej. Wolniej się ruszam. Wykrzywiam głowę. Pracuje mi tylko lewa strona twarzy. I takie tam.

W ogóle, w okresie podstawówki zaczęłam niejako przesuwać środek ciężkości. Obniżone napięcie mięśniowe, mocno ograniczone możliwości poruszania się, a w dodatku pewnie genetyczne predyspozycje sprawiły, że do figury Ewy Chodakowskiej czy Anny Lewandowskiej zawsze mi było baaaardzo daleko. Wbiłam sobie do głowy, że jak schudnę, to zacznę się podobać. Pamiętam, że nawet powiedziałam to kiedyś na lekcji polskiego, kiedy nauczycielka zadała pytanie, co chcielibyśmy zmienić w swoim życiu. W sensie to, że chcę schudnąć. Oczywiście nie podałam powodu. No bo już wtedy wydawał mi się słaby ;) Co nie znaczy, że nie został on ze mną przez dłuuuuugi czas.

W zasadzie zafiksowanie na punkcie wyglądu towarzyszy chyba, jeśli nie każdemu, to przynajmniej większości z nas. Agata Głyda w swojej książce „Ciałożyczliwość" opisuje bardzo ciekawe badania przeprowadzone na Fidżi. Do momentu pojawienia się na wyspie mediów, ideałem piękna była, delikatnie rzecz ujmując, pulchność. Kiedy tylko powszechne stały się transmisje promujące nienaturalnie wręcz szczupłe sylwetki ciał, w życie mieszkańców zaczęła coraz częściej wkradać się depresja. Z kolei Renee Engeln ukuła pojęcie „obsesji piękna", w której szponach znajduje się w zasadzie większość z nas. I ona również jest mocno osadzona w przekazie medialnym.

A jeśli przekaz medialny wzmacniają głosy z otoczenia, może dojść do prawdziwej katastrofy.

2. Role społeczne

Światowa Organizacja Zdrowia stwierdziła, że niepełnosprawność to: *Ograniczenia w pełnieniu ról społecznych - ułomność określonej osoby wynikająca z niesprawności lub niepełnosprawności, ograniczająca lub uniemożliwiająca pełną realizację roli społecznej odpowiadającej wiekowi, płci oraz zgodnej ze społecznymi i kulturowymi uwarunkowaniami.*

Kiedy zgodnie ze swoimi ówczesnymi doświadczeniami i przekonaniami analizowałam tą definicję, od razu nasuwało mi się: „Nie będziesz żoną"; „Nie będziesz mamą". Kolejne myśli, z którymi trzeba było walczyć, a które podtrzymywały we mnie sygnały z zewnątrz. A na to wszystko ten mój inny wygląd.

No to gdzie w końcu ta dusza? Ta, z której ta moja kobiecość ma niby wypływać?

Na pewno jej zauważenie utrudniało wykluczenie, którego siłą rzeczy doświadczyłam. A które pewnie po części sama generowałam.

Konwencja o Prawach Osób Niepełnosprawnych mówi o wielorakiej dyskryminacji kobiet z niepełnosprawnością. Dla mnie w zasadzie jedyną jej formą było niedostrzeganie tej kobiecości. Czyli, dokładniej rzecz ujmując, nie czułam, że ta dyskryminacja odnosi się do kobiecości, a do jej domniemanego braku. Siłą rzeczy moja zależność od osób trzecich, która trwała dość długo, stała u podstaw wykluczenia w różnych sferach życia. To z kolei wpłynęło na moją kondycję psychiczną, która przez dłuższy czas była co najmniej średnia.

W walce o jej lepszy stan niewątpliwie pomogła mi ŚWIADOMOŚĆ,
że najczęściej postawy wykluczające nie wynikają ze złych chęci. I że
to, czy CZUJĘ SIĘ wykluczona zależy w dużej mierze ode mnie.

52

A Ty w jaki sposób postrzegasz kobiety z niepełnosprawnością? Zapraszam Cię do wypełnienia karty pracy numer 4, która pomoże Ci w refleksji nad tym zagadnieniem.

KARTA PRACY NR 4

KOBIECOŚĆ a NIEPEŁNOSPRAWNOŚĆ

Zadanie nr 1

Wróć do zadania nr 2 z kart pracy nr 1 i 3. Połącz obydwie tabele w jedną, wypisując w jednej kolumnie skojarzenia dotyczące zarówno kobiecości, jak i niepełnosprawności.

Skojarzenia negatywne dotyczące kobiecości i niepełnosprawności	Skojarzenia negatywne dotyczące kobiecości i niepełnosprawności	Skojarzenia pozytywne dotyczące kobiecości i niepełnosprawności

Zadanie nr 2

Spróbuj na podstawie każdej kolumny stworzyć rodzaj charakterystyki kobiecości w niepełnosprawności.

Charakterystyka na bazie skojarzeń negatywnych

____

____

____

____

____

____

Charakterystyka na bazie skojarzeń neutralnych

____

____

____

____

____

____

Charakterystyka na bazie skojarzeń pozytywnych

____

____

____

____

____

____

Zadanie nr 3

Czy tworzenie charakterystyk sprawiało Ci trudność? Dlaczego? Czy skojarzenia się wykluczały? Jak sobie z tym poradziłeś/aś?

____

____

____

____

____

____

Zadanie nr 4

Teraz spróbuj skonstruować opis zjawiska kobiecości w niepełnosprawności mając do dyspozycji wszystkie trzy kolumny tabeli. Skojarzenia z której grupy w nim przeważają?

Zadanie nr 5

Co zrobić, aby dominowały skojarzenia pozytywne?

5

Jak się wobec mnie zachować?

Dobre maniery składają się z drobnych poświęceń.

Ralph Waldo Emerson

Pewnie czytając moje słowa o różnych, mniej lub bardziej miłych reakcjach, jakich doświadczyłam ze strony społeczeństwa, zastanawiasz się, jak możesz czy powinnaś/powinieneś się zachować, żeby mnie już więcej nie ranić. W ogóle zauważyłam tendencję do odczuwania strachu przed urażeniem czy właśnie zranieniem osoby z niepełnosprawnością.

Faktycznie, osoba z niepełnosprawnością ze względu na swoje doświadczenia może być bardziej podatna na zranienie. Ale jeśli mimo tego lęku żadna ze stron nie podejmie próby, nie ma szans nawiązania kontaktu, a wykluczenie jedynie się pogłębia.

Wracając do pytania „Jak się zachować?". Na co dzień prowadzę warsztaty poruszające różne aspekty niepełnosprawności. Skierowane są one do różnych odbiorców - począwszy od dzieci, poprzez pracodawców, na nauczycielach akademickich skończywszy. W trakcie ich trwania poruszam praktycznie zawsze tematykę „Savoir vivre wobec osób z niepełnosprawnością". Zasady zasadami, ale przypadek każdej osoby jest inny, w związku z czym zasady te też trzeba dopasowywać indywidualnie. Pokażę Ci to na przykładzie osób z niepełnosprawnością ruchową, do których ja się zaliczam.

Zasada nr 1

Nie pochylaj się nad osobą w wózku żeby uścisnąć komuś dłoń.

Balkonik nie generuje takich dylematów. Stojąc przy nim nie jestem „mniejsza" niż w rzeczywistości. Aczkolwiek moje imponujące 152 centymetry wzrostu rzeczywiście sprawiają, że jeśli ktoś wysoki stanie przy mnie za blisko, muszę zadzierać głowę. ☺

Zasada nr 2

Nie proś osoby na wózku, aby trzymała płaszcze czy cokolwiek innego. Nie wieszaj ani nie kładź na nim żadnych przedmiotów. Nie pchaj ani nie dotykaj sprzętu, gdyż stanowi on przestrzeń osobistą.

Mój balkonik służy jako wieszak, stojak etc. Generalnie nie mam problemów z traktowaniem go jako do tego przeznaczonego przez osoby, które lepiej znam. Nawet jeśli nie spytają. Inaczej sprawa ma się z obcymi. Pamiętam jak dziś scenę z przystanku autobusowego, kiedy starsza pani, która wyraźnie potrzebowała się wesprzeć wstając z ławki, chwyciła mój balkonik. Miałam ochotę wtedy krzyknąć: „Zostaw, to moje!", mimo że widziałam, że bez tego wsparcia sobie nie poradzi.

Zasada nr 3

Nie pomagaj „po swojemu" ani bez uprzedzenia.

Na brak chętnych do pomocy akurat nie mogę narzekać. Problem pojawia się, kiedy ta pomoc udzielana jest nieumiejętnie lub znienacka. Nieraz zdarzyło mi się przewrócić, w chwili gdy ktoś pociągnął balkonik przy wysiadaniu z tramwaju albo otwieraniu drzwi z drugiej strony, kiedy ja jednocześnie trzymałam klamkę i balkonik.

Zasada nr 4

Osobie z niepełnosprawnością ruchową nieporuszającej się na wózku trudno chodzić i jeśli to możliwe, trzeba jej tego zaoszczędzić.

Rzeczywiście w wielu przypadkach to prawda. Natomiast na pewno nie w moim! Uwielbiam chodzić. I choć wiem, że wózek przecież też tak naprawdę umożliwia przemieszczanie się, trudno mi się na niego zgodzić, jeśli ma on usprawnić mój własny proces przemieszczania. Na lotniskach notorycznie dyskutuję z asystentami, którzy niejako z urzędu podjeżdżają wózkiem po osobę, która taką asystę zamówiła. Kiedyś usłyszałam, że im tak po prostu łatwiej. Tylko że mi wtedy trudniej. Podczas jednego z międzylądowań asystentka, wioząc mnie na wózku, zauważyła, że mi on nie do końca pasuje i zaproponowała pchanie go razem z nią. Można? Można.

Mimo że świadomość społeczna dotycząca niepełnosprawności sukcesywnie rośnie, nadal obserwuję skutki niewiedzy na temat tego, w jaki sposób zachować się wobec osoby z niepełnosprawnością. W ocenie jej poziomu u Ciebie pomoże karta pracy numer 5.

KARTA PRACY NR 5

DOBRE MANIERY

Zadanie nr 1

Czego, Twoim zdaniem, absolutnie nie wypada w kontaktach z osobą z niepełnosprawnością?

Zadanie nr 2

A co Twoim zdaniem należy bezwzględnie robić?

Zadanie nr 3

Spróbuj skonfrontować Twoje założenia z rzeczywistością. Jeśli masz niepełnosprawność spytaj, co na ten temat sądzą osoby jej nieposiadające. Z kolei kiedy jej nie posiadasz, zasięgnij opinii osoby z niepełnosprawnością (jeśli takowej nie znasz, spróbuj po prostu poznać!)

6

Ja kontra moje ciało.

Przez lata wyglądało to właśnie w ten sposób. Walczyłam ze swoim ciałem. A w zasadzie próbowałam walczyć, bo z góry byłam skazana na porażkę. Przecież nie byłam w stanie sprawić, że nagle, jak za dotknięciem czarodziejskiej różdżki, dam radę utrzymać równowagę, zacznę chodzić szybciej i do tego uśmiechnę się symetrycznie. (Jak już pisałam wcześniej - w trakcie operacji usunięcia guza móżdżku doszło do porażenia nerwu twarzowego. Jego rezultatem jest opadanie kącika ust i niedomykalność oka, co powoduje bardzo dużą asymetrię, widoczną zwłaszcza przy uśmiechu. I tak naprawdę, chyba ono przysporzyło mi więcej kompleksów niż sama niepełnosprawność ruchowa).

Paradoksalnie pierwszym krokiem do względnej akceptacji swojego ciała był balkonik. Stanęłam przy nim po raz pierwszy w wieku 26 lat. A to nie do końca dlatego, że wcześniej nie byłam w stanie. Zresztą trudno to teraz tak naprawdę ocenić. Główny powód był jednak taki, że psychicznie doszłam do ściany. Podjęta natychmiast po operacji rehabilitacja sprawiła, że po jakimś czasie byłam w stanie chodzić z kimś pod rękę. Małe dziecko, które tak czy siak większość czasu spędza z mamą (zwłaszcza jeśli pojawia się niepełnosprawność) nie zauważy związanych z tym niedogodności. Inaczej sprawa wygląda, kiedy to dziecko zaczyna już dążyć do coraz większej autonomii. Tak więc małej Ani to nie przeszkadzało, w związku z czym nie szukała innych rozwiązań, a w konsekwencji duża Ania tkwiła bardzo długo w przekonaniu, że to jedyny możliwy sposób przemieszczania się. Nie pozostało to bez wpływu na moją edukację – do końca liceum chodziłam do klasy, w której nauczyciel wspomagający przeprowadzał mnie z klasy do klasy. Myślę, że jego obecność, oprócz samej niepełnosprawności, a może raczej moich przekonań o niej, również wpłynęła na możliwość zawiązywania relacji. Czas studiów to z kolei czas kombinacji. Na początku odwoziła mnie mama, czekając do końca wykładów, później były studentki pedagogiki, taksówki (do których byłam w stanie jako tako sama dojść). Pod wspomnianą ścianą stanęłam będąc już na studiach doktoranckich. Wtedy w ogóle zaczęłam doświadczać dość silnych stanów depresyjnych. Związane to było pewnie z tym, że zajęcia były raz w tygodniu, a przez resztę czasu, mieszkając jeszcze wtedy z rodzicami, za bardzo nie miałam z nikim kontaktu. Ale jakoś trwałam w tym stanie. Wściekałam się nie tyle na niepełnosprawność, co na zależność. Ale nie myślałam też, co można w tym kontekście zmienić. Apogeum buntu i złości przyszło podczas jednej z dwugodzinnych przerw między zajęciami na studiach doktoranckich, kiedy wszyscy mieli coś do załatwienia, a ja zostałam sama na korytarzu, nie mając możliwości nawet jednego ruchu. Do domu wróciłam roztrzęsiona. I wtedy, po przedyskutowaniu tego z rodzicami, zapadła decyzja o balkoniku. Tym samym, który dał mi niezależność i dzięki któremu jestem w stanie jeździć z moimi warsztatami na krańce świata ☺

Mimo że tak wiele zawdzięczam balkonikowi, w momencie pisania tych słów jestem jednak na etapie jego odstawiania. Wiara w to, że to jest w ogóle możliwe zaczęła się od… siłowni. W zasadzie powinnam napisać „ponowna wiara". Mając jakieś 4-5 lat często pytałam, czy będę chodzić samodzielnie. Na moje pytanie mama zawsze odpowiadała, że tak. w to „tak" wierzyłam bardzo długo. Chyba gdzieś dopiero na etapie końca gimnazjum/początku liceum zauważyłam, że ta cała rehabilitacja to trochę psu na kapelusz. Chociaż w sumie psy kapeluszy nie noszą. No to na budę. Ale że niby zamiast dachu? To może prościej: na nic. Owszem, jakieś tam efekty były. Ale nie takie, które dawały nadzieję na coś więcej. Z tego powodu, tłumacząc się też większą liczbą obowiązków w szkole, skończyłam swoją przygodę z fizjoterapią. Chociaż jak się później okazało, tak naprawdę to ją tylko przerwałam.

Przerwa w rehabilitacji nie oznacza przerwy w aktywności fizycznej. Na wspomniane już zafiksowanie na punkcie sylwetki składało się, oprócz radykalnego obcinania kalorii, obsesyjne przywiązywanie uwagi do codziennego treningu. Treningu, który byłam w stanie wykonać sama, a którego między innymi ze względu na obniżone napięcie mięśniowe prawidłowo wykonać nie mogłam. Przygodę z siłownią rozpoczęłam po kolejnym, dość sporym załamaniu. Kiedy po kilku miesiącach wreszcie zmusiłam się, żeby w ciągu dnia na dłużej niż na długość pójścia do kościoła wstawać z łóżka (nie miałam wtedy pracy, a mieszkałam już sama w Poznaniu), zaczęłam przeglądać Facebooka. Wyświetliła mi się reklama gratisowego treningu personalnego. Jako że mój stan psychiczny wiązał się ze złamanym sercem, tym bardziej się zgłosiłam. Przecież trzeba było udowodnić, że ja też mogę wyglądać 😊 i tak moja przygoda z treningami trwała kilka lat. Sylwetka zaczęła mi się zmieniać, a - ku mojemu zaskoczeniu - sprawność poprawiać. W pewnym momencie jednak treningi siłowe zaczęły już szkodzić mojemu organizmowi. Wtedy już jednak znałam fizjoterapeutkę zajmującą się schorzeniami neurologicznymi, z którą działam do dziś 😊

To nie jest też tak, że fiksacja na punkcie tego, jak wyglądam, zniknęła razem z pojawieniem się balkonika. Uświadomiłam to sobie, kiedy wybuchła pandemia COVID-19. Na kilka dni przed zaplanowanym pierwszym etapem operacji, po której miałam szansę zacząć symetrycznie się uśmiechać, szpitale zostały zamknięte, a planowe zabiegi odwołane. Ostatecznie zamknięto je na rok, ale wtedy nikt nie wiedział, na jak długo. No a jak się nie wie, to się dowiaduje co jakiś czas. I tak po każdym telefonie i negatywnej odpowiedzi miały miejsce następujące dialogi wewnętrzne:

- Ale jak długo mam jeszcze tak wyglądać?

- Skończ, przecież nie umierasz. Bardziej istotne operacje też są odwołane.

I tak konwersowałam ze sobą mniej więcej do końca dnia, w którym wykonywałam telefon 😊 Konwersacje się skończyły, kiedy doczekałam się terminu 🙂 Nawiasem mówiąc, historia z twarzą nie kończy się na operacji. Żeby uśmiech był coraz szerszy, nadal potrzebuję rehabilitacji. Oczywiście innej niż ta związana z chodzeniem. Dodając do tego prowadzenie własnej działalności i działania naukowe, robi się niezły młyn. Ale przynajmniej się nie nudzę 🙂

Kiedy już bardziej weszłam w świat Kościoła Katolickiego, zaczął za mną chodzić cytat z Listu do Koryntian:

Czy nie wiecie, że ciało wasze jest świątynią Ducha Świętego, który w was jest, a którego macie od Boga, i że już nie należycie do samych siebie? Za wielką bowiem cenę zostaliście nabyci. Chwalcie więc Boga w waszym ciele!

(1 Kor 6, 19-20)

Moje ciało – świątynią. Na tamten moment wydawało mi się to absurdalne. Przecież nawet jeśli, to nie dość, że wyglądam jak wyglądam, to inni widzą tylko to, że nie działam „Prawidłowo". I ewentualnie są w stanie podziwiać mnie za to, że z takim ciałem funkcjonuję „Względnie normalnie".

Chociaż już wtedy wiedziałam jedno: gdybym w miarę możliwości nie dbała o „zewnętrze", widoczne oznaki niepełnosprawności jeszcze bardziej rzucałyby się w oczy. I nie chodzi tutaj o zamiar ich ukrycia, ale raczej o brak podkreślania przez… niedbałość. Do dzisiaj bardzo dużą wagę przywiązuję do ubrań i kosmetyków. Uwielbiam makijaż, a bez hybryd to już chyba nie wyobrażam sobie życia :P

Oczywiście one wszystkie nie sprawią, że w oczach innych i swoich „Się znormalnieje". Ale nawet gdyby tak się stało, nic by to nie dało, gdyby nie uporządkowało się głowy.

Kolejna karta pracy pomoże Ci przyjrzeć się także własnej relacji z ciałem.

KARTA PRACY NR 6

CIAŁO

Zadanie nr 1

Co rozumiesz pod pojęciem akceptacji własnego ciała?

Zadanie nr 2

Za co można być wdzięcznym własnemu ciału?

Zadanie nr 3

Za co może docenić swoje ciało kobieta z niepełnosprawnością?

Zadanie nr 4

Za co Ty możesz docenić ciało kobiety z niepełnosprawnością?

7

Zanim zaczęłam porządkować głowę.

W zasadzie z bałaganu w jej wnętrzu nie zdawałam sobie sprawy baaaardzo długo. Myślałam, że tak fatalne odnajdywanie się w sytuacji całkowitej zależności jest normą. Tak naprawdę, sama zależność zaczęła mi przeszkadzać też dopiero w pewnym momencie. Momencie, w którym, zgodnie z moim ówczesnym myśleniem, powinnam być samodzielna. Samodzielna, czyli według definicji, jaką wtedy miałam w głowie – samowystarczalna. A przecież nikt z nas samowystarczalny nie jest ☺ Steven Covey w książce „7 nawyków skutecznego działania" najwyższą formą rozwoju człowieka wymienia zresztą współzależność.

Wracając do tej rzekomej normy w mojej głowie… Chociaż było mi z nią bardzo źle, wiedziałam, że muszę się do niej przyzwyczaić. Albo raczej przywyknąć do faktu, że jest jak jest i zacząć traktować to jako normę. Ale pewnie dlatego, że jestem buntowniczką, szło mi to baaaaardzo ciężko. Mimo tego, że w pewnym momencie, mieszkając jeszcze z rodzicami, wpadłam w dość spory dołek psychiczny, nie powstrzymał mnie on od szukania rozwiązań. I te zaczęły stopniowo przychodzić. Najpierw pojawił się balkonik, zaraz potem udało się już na stałe zamieszkać samodzielnie w Poznaniu. Jednak rozwiązania na poziomie funkcjonalnym nie przyniosą rezultatu, jeśli nie uporządkujesz najpierw siebie.

Tylko że wtedy jeszcze o tym nie wiedziałam. Jedyne, czego byłam świadoma, to fakt, że potrzebuję kontaktu z ludźmi. Kontaktu, który (znowu w mojej głowie) zapewnić mogłaby mi przede wszystkim praca na etacie, do której codziennie musiałabym wychodzić. Ten sposób myślenia pochodził z czasów „Ery przedbalkonikowej", kiedy to rzeczywiście tych ludzi było mi ciągle mało. (Nie to, żebym ich nie miała w ogóle. Po prostu zbyt mało jak na mój temperament). Poza tym to był czas, kiedy sama nie mogłam w ogóle wyjść z domu. To prawda, nigdy nie było sytuacji, kiedy nie miałam kogo poprosić o pomoc. Ale po pierwsze nie lubiłam prosić, a po drugie wbiłam sobie do głowy, że kiedyś będzie musiał mi pomagać ktoś obcy, a ten pomoże mi tylko wtedy, jeśli naprawdę będę musiała wyjść. A naprawdę musiałabym wyjść tylko do pracy. No i po skończeniu studiów tak sobie szukałam tej pracy, która generowałaby potrzebę opuszczenia domu. Nie zauważyłam, że zaczęłam wychodzić coraz więcej. Że ludzi wokół mnie też jest całkiem sporo. I w końcu, że muszę uwzględnić w grafiku różne rodzaje terapii, co przy pracy pełnoetatowej jest strasznie trudne. Sporo wody upłynęło zanim zrozumiałam, że tak naprawdę chcę rozwijać coś swojego. A doprowadziła mnie do tego, w głównej mierze, niemożność znalezienia stałego zatrudnienia. I to się właśnie nazywa przekuć porażkę w sukces 😊

No i znowu odbiegłam od głównego wątku. Ale co nim było? Aaaa, tak. Dusza. A właściwie, to, w jaki sposób nieświadomie do niej dotarłam. Jak już pisałam, cierpiałam na niedobór człowieka. Pewnie swoje źródło miał on już w czasach szkolnych. Owszem, chodziłam do klasy integracyjnej, ale poza szkołą kontakt z rówieśnikami był raczej znikomy. Sytuacja zmieniła się trochę na studiach, kiedy sama musiałam bardziej przejąć inicjatywę w organizowaniu wszystkiego. Wtedy system wsparcia osób z niepełnosprawnością na uczelniach dopiero raczkował, a ja pochodząc z innego miasta nie miałam nawet pojęcia o tych znikomych możliwościach. W związku z tym, chcąc nie chcąc, musiałam trochę powalczyć, żeby wszystko jakoś funkcjonowało. Najtrudniej oczywiście było na początku. Dogadywanie formy zaliczenia pisemnego (z racji uszkodzenia móżdżku mam nieczytelne pismo). Proszenie o pomoc w przechodzeniu z sali do sali (wtedy jeszcze nie miałam balkonika. I owszem, poza zajęciami miałam pełne wsparcie przede wszystkim mamy. Ale w trakcie zajęć musiałam już radzić sobie sama. Musiałam i chciałam 😊). Studia doktoranckie to już zupełnie inna historia. Zajęcia raz w tygodniu. Kierunek był nowy, w związku z czym zasady też były inne. Między innymi takie, że nie mamy obowiązku prowadzenia zajęć dydaktycznych. Ku mojemu ubolewaniu, bo znowu ograniczało mi to kontakt z ludźmi. Tak naprawdę to na sam doktorat poszłam tylko z tego powodu, że chciałam przebywać wśród nich. Jedyną alternatywą na tamten moment były tłumaczenia wykonywane z domu, z którego nie byłam w stanie sama wyjść, a w którym przecież nie było ludzi, których tak potrzebowałam. Miłość do nauki i tematu, którym się zajęłam, przyszła później. Z perspektywy czasu doszłam do wniosku, że zajęłam się nim (kobiecością w niepełnosprawności) okazując rodzaj buntu i chcąc sobie i innym udowodnić, że tą kobietą w ogóle jestem.

I tak sobie udowadniałam, wertując wszystkie możliwe książki naukowe i szukając potwierdzenia, że jednak ta kobiecość we mnie jest, oraz sposobu na pokazanie tego innym, cały czas tęskniąc za ludźmi. Jak już miałam ten balkonik i mogłam ich poszukać, nie musząc nikogo prosić o pomoc, postanowiłam zadziałać w tym kierunku. Naturalnym tropem było dla mnie szukanie jakiejś wspólnoty. Czym było to wtedy podyktowane, w zasadzie do końca nie wiem. Owszem, pochodzę z wierzącej rodziny. Ale żeby szukać w tym środowisku? Na tamten czas, jeśli ta decyzja miała jakieś uzasadnienie, to niewielkie. Owszem, utożsamiałam się z tymi wartościami, ale miałam obraz wspólnoty jako ciągle modlących się dewotów. I tutaj Ktoś nieźle sobie ze mnie zażartował. I to podwójnie. Nie dość, że znalazłam sobie duszpasterstwo (w Poznaniu zaczęły się tworzyć duszpasterstwa postakademickie), to jeszcze przy kościele, do którego prowadziły strasznie wysokie schody. Były mi one bardzo dobrze znane - przynajmniej raz w roku odwiedzaliśmy ten kościół, żeby zobaczyć największy w Europie bożonarodzeniowy żłóbek. Zawsze przy okazji tych odwiedzin, wspinając się na te schody (oczywiście z czyjąś pomocą) mówiłam, że „Ten kościół jest beznadziejny i ja do niego w życiu chodzić nie będę". I wierz tu kobiecie 😊

To niechodzenie przekształciło się w regularne odwiedzanie przez kilka lat. Mało tego, zaowocowało codziennym uczestniczeniem we Mszy. Na początku tylko po to, żeby mieć cel do wyjścia z domu. A później, żeby… żyć 😊 Dzisiaj bez tego jak bez ręki 😊 i może w tym miejscu pomyślisz „dewotka", tak jak ja kiedyś myślałam. Ale tak naprawdę, dzięki temu stałam się kobietą niezależną. A raczej zaczęłam się nią stawać.

O ile poprzednia karta pracy dotyczyła tego, co zewnętrzne, tym razem zapraszam Cię do wejścia w głąb.

KARTA PRACY NR 7

DUSZA

Zadanie nr 1

Czym dla Ciebie jest dusza? A jeśli nie wierzysz w jej istnienie, czym mogłaby być?

Zadanie nr 2

Każdy z nas wierzy w jakieś wyższe wartości. Wypisz swoje.

____

____

____

____

____

____

Zadanie 3

W jaki sposób możesz wzmacniać tą wiarę?

____

____

____

____

____

____

8

W głowie się (nie) mieści.

Jak tak płaczę, to mi lepiej i przestaje mnie dobijać nieuchronność

przemijania.

Zofia Jaworowska

Poczucie niewystarczających kontaktów międzyludzkich, porównywanie się z osobami bez niepełnosprawności czy wreszcie przekonania o niepełnosprawności, które sama przez lata nabywałam, a które podsycały osoby często z bliskiego otoczenia sprawiły, że w mojej głowie panował, delikatnie rzecz ujmując, bałagan.

Moje poczucie własnej wartości było chyba na poziomie minus sto. Bardzo lubię określenie „Kontakt z własną wartością", które po raz pierwszy spotkałam w książce Moniki i Marcina Gajdów „Rozwój. Jak współpracować z łaską". O ile „poczucie" kojarzy mi się z „czuciem", które tak naprawdę nie zależy od nas (czujemy się chorzy, kiedy mamy gorączkę; czujemy smutek, bo wydarzyło się coś, co nas zasmuciło), o tyle nawiązanie i utrzymywanie kontaktu leży w zasięgu naszych możliwości. Czyli nie trzeba nic poczuć. Czucie jest subiektywne, a kontakt jest albo go nie ma. I zależy od nas. Podczas gdy to pierwsze już nie do końca. Osoby mające te same doświadczenia mogą mieć różne odczucia.

Także u mnie tego kontaktu nie było w ogóle. Pewnie dlatego ciężko było mi swego czasu podejmować próby nawiązywania jakichkolwiek relacji, nie tylko damsko-męskich. Kiedy już się względnie przełamałam, a po raz kolejny nic z tego nie wyszło, zawsze obwiniałam o to siebie, po czym bardzo długo przeżywałam całą sytuację. Pewnego dnia jednak zaczęłam czuć, że czara przepełniła się po raz kolejny. Tak jak kiedyś nie potrafiłam wyjść podczas okienka między zajęciami, tak wtedy nie umiałam poradzić sobie z sytuacją, w której poczułam się odrzucona. Właśnie wtedy trafiłam na terapię psychologiczną. I nie, nie zadziałała ona jak czarodziejska różdżka. Raczej jak organizator na biurku, który pomaga uporządkować pewne sprawy. A wiadomo, że jak się zrobi porządek, to łatwiej znaleźć rozwiązania. W momencie, w którym to piszę, jestem nadal na etapie porządkowania. A w zasadzie wróciłam do tego procesu po dłuższej przerwie. Wiedząc, że w ogromnym stopniu odpowiadam za niego ja sama. I że tak naprawdę to chyba każdy z nas musi w tym procesie w takiej lub innej formie się znajdować.

Co prawda nigdy nie zdiagnozowano u mnie depresji, ale silnych stanów depresyjnych już doświadczałam. Czyli potwierdzam hipotezy naukowe ;). Badania bowiem mówią, że osoby ze schorzeniami neurologicznymi są bardziej podatne na depresję. Inne pokazują, że niepełnosprawność nabyta zwiększa również jej ryzyko. Co prawda nie pamiętam tego momentu, ale w podświadomości mógł on się zapisać. W jaki sposób udało mi się z nich wyjść, skoro interwencja psychologiczna została podjęta stosunkowo późno? Z całą stanowczością powiem, że gdybym „przypadkiem” nie zajęła się swoją duszą, o czym wspominam w poprzedniej sekcji, psycholog nie miałby już co zbierać ☺ I tutaj znów powołam się na „7 nawyków skutecznego działania". Steven Covey podkreśla konieczność dbania o sferę duchowości jako element konieczny do dbania o swój dobrostan. Z kolei duchowość może przybierać różne formy – od wiary w Boga, poprzez wiarę w naturę, do reinkarnacji.

Tak naprawdę to nie jest też tak, że praca nad własną psychiką należy tylko do psychologa. Sporą część pracy (jeśli nie większość) trzeba wykonać samemu. Ja przynajmniej tak to odbieram.

Wypełniając kartę pracy numer 8 możesz zastanowić się nad tym, jak wesprzeć kogoś, kto jest w trakcie takiego procesu.

KARTA PRACY NR 8

POCZUCIE WŁASNEJ WARTOŚCI

Zadanie nr 1

Co musi się stać, aby poczucie własnej wartości nie zostało zaburzone?

____

____

____

____

____

____

____

Zadanie nr 2

Jak sprawić, żeby poczucie własnej wartości kobiety z niepełnosprawnością nie zostało zaburzone?

____

____

____

Zadanie nr 3

Jeśli już tak się stało, co można zrobić, aby pomóc je odbudowywać?

9

Żeby w głowie się mieściło.

Osobiście miałam to szczęście, że stany depresyjne (momentami naprawdę silne) nigdy nie sprawiły, że straciłam ochotę na kontakty międzyludzkie. Owszem, chwilami miałam naprawdę dość. Owszem, czasem spędziłam cały dzień w łóżku (oczywiście jak już wyprowadziłam się z domu rodzinnego ☺). Ale zawsze potrzeba relacji była silniejsza niż wszystkie zmory razem wziętc. I chyba to był jeden z czynników, który mnie uratował ☺.

Z powodu braku kontaktu z własną wartością postrzegałam siebie jako osobę, której nikt nie polubi. Ale w jaki sposób miał mnie ktoś polubić, jeśli nawet nie wiedział o moim istnieniu, bo nie wychodziłam z domu? Kiedy już miałam balkonik, mimo schematu myślowego „Nikt mnie nie polubi", postanowiłam zaryzykować wyjście na zewnątrz. Opłaciło się.

Jako wyjście na zewnątrz przez długi czas rozumiałam coś, co będzie miało jakiś cel. Włóczenie się po poznańskim osiedlu, na które dopiero co się przeprowadziłam tego celu dla mnie nie miało. Jedynym okazały się wtedy rozmowy kwalifikacyjne, na które zapraszano mnie rzadko, a których zazwyczaj nie przechodziłam. A jeśli już mi się jakoś udało, dotrwałam do końca okresu próbnego. Wcześniej pisałam już, że w pewnym momencie tym celem stała się codzienna Msza. Nie chcę tutaj nikogo do niczego namawiać. Chodzi mi jedynie o to, że taki cel trzeba sobie wyznaczać. Inaczej głowa może nie wytrzymać.

Jeśli nie lubisz siebie, ciężko jest siebie też nagrodzić. Zresztą za co masz siebie nagradzać, skoro nie dość, że nie jesteś ciągle zajęty (niestety mam wrażenie, że świat nam to ciągle narzuca i jako społeczeństwo mamy problem, aby chociaż przez chwilę nawet nie tyle nic nie robić, ile odpocząć nie podjąwszy żadnej aktywności), to nawet nie możesz znaleźć pracy. No i tak zaniedbałam wszystko, co lubiłam, bo przecież na to nie zasługiwałam. Przestałam nawet czytać książki, które uwielbiałam. Zaczęłam zarywać noce, a do tego nie dojadać (bo przecież w głowie nieustannie miałam komunikat „muszę schudnąć") bądź, jak już zbyt długo nie widziałam rezultatu, objadać się do granic („wtedy komunikat w mojej głowie brzmiał „i tak jesteś gruba"). W takim letargu funkcjonowałam blisko dziesięć lat. Pierwsze oznaki zaczęły się w zasadzie już w gimnazjum, ale wtedy, jako nastolatka w pełni zależna od rodziców, nie mogłam oddać im nad sobą kontroli. Za to podczas studiów, kiedy do rodziców wracałam na weekendy, i później podczas studiów doktoranckich, kiedy zaczęłam funkcjonować samodzielnie, mogłam katować się do woli. Zarówno organizm, jak i głowa w pewnym momencie musiały się zbuntować.

Kluczem do wszystkiego jest chyba jednak wyzbycie się pretensji. Do świata, do siebie, do Boga (czy jak Go tam nazywasz). Albo może raczej niedopuszczenie do tego, aby Twoje działanie bądź jego brak wynikało z tych pretensji. Bo to nie jest tak, że nie mam gorszych dni, i że wtedy nie myślę „A gdybym tego poszukała wcześniej", „A gdyby moja rehabilitacja wyglądała inaczej", "A gdyby moja choroba się nie wydarzyła". Ale takie myślenie zaprowadzi donikąd. Potrzeba działania. I wdzięczności, że w tempie ślimaka, ale jednak wszystko idzie do przodu ☺

Ale żeby żal przekształcić we wdzięczność, potrzeba świadomej jego analizy, w czym ma pomóc karta pracy numer 9.

KARTA PRACY NR 9

ŻAL

Zadanie nr 1

Czego może żałować kobieta z niepełnosprawnością?

____

____

____

____

____

____

____

Zadanie nr 2

Żal informuje o niespełnionych potrzebach. Wróć do zadania nr 1 i przekształć swoją odpowiedź tak, aby miała formę listy potrzeb.

Na przykład: może żałować tego, że jest za mało sprawna – potrzeba usprawnienia się.

Zadanie nr 3

Żal motywuje również do podjęcia działań, które pomogą spełnić nasze potrzeby. W jaki sposób może spełniać potrzeby zdefiniowane w poprzednim zadaniu kobieta z niepełnosprawnością?

10

Kiedy połączysz ciało z duchem
i głową.

Królestwo cielesności to królestwo «natury», albo królestwo ziemskie (...). Królestwo ducha jest królestwem tego co nadziemskie, zaś królestwo duszy, królestwem tego, co ukryte. To ostatnie to wymiar życia jeszcze nie objawionego (...), które jako takie dąży do rozwoju, do cielesności. To, co nadziemskie, jest natomiast królestwem rozwoju na wskroś aktualnego i obdarzonego wspaniałością doskonałego oddania (...).

Edyta Stein

Każdy z nas jest całością. Jeśli jakiś element zaczyna źle funkcjonować, całość nie ma szans działać prawidłowo. Niestety często jest tak, że w osobie z niepełnosprawnością dostrzega się jedynie sferę, której ta niepełnosprawność dotyczy w sposób bezpośredni. I kieruje się uwagę samej tej osoby wyłącznie na tą sferę. No i co z tego, że koncentrowałam się tylko na tym moim ciele, jak głowa o mało nie eksplodowała? Na ciele, które może i ma potencjał usprawniania się, ale to idzie jak po grudzie?

To nie jest chyba też tak, że w pełni zaakceptowałam ograniczenia wynikające z mojej niepełnosprawności. Nie zrozum mnie źle, tu nie chodzi o bunt, a o szukanie rozwiązań. W przypadku pełnej akceptacji chyba bym ich nie szukała uznawszy po prostu, że ich nie ma. Z drugiej strony, bardzo nie lubię określenia „zmaga się z niepełnosprawnością". Walka z czymś, z czym tak naprawdę nie masz szans, jest, delikatnie rzecz ujmując, bez sensu. A skoro niepełnosprawność jest czymś, co raczej nie zniknie, trzeba z nią żyć w symbiozie, a nie walczyć. Poza tym walka z góry wyklucza akceptację. W tym miejscu przypomina mi się cytat, którego autorstwo przypisuje się najczęściej Markowi Aureliuszowi (choć spotkałam się również z podawaniem jako autora Świętego Franciszka).

Boże, użycz mi pogody ducha,
Abym godził się z tym, czego nie mogę zmienić,
Odwagi, abym zmieniał to, co mogę zmienić,
I mądrości, abym odróżniał jedno od drugiego.

Wspominałam już, że od początku liceum miałam dość dużą przerwę w rehabilitacji, dokładniej rzecz ujmując - w pracy z fizjoterapeutą. Wynikała ona z mojego zniechęcenia brakiem postępów i jednoczesnym dojściem do (jak się okazało mylnego) wniosku, że lepiej to już nie będzie. Nie oznacza to jednak, że pewnej formy terapii nie zaaplikowałam sobie sama. Tyle tylko, że jej głównym (i na tamten moment jedynym) celem była... lepsza (czyli według moich ówczesnych interpretacji smuklejsza) sylwetka. Ta sama, której osiągnięcie przy obniżonym napięciu mięśniowym jest strasznie trudne. Codzienny trening (oczywiście taki na miarę możliwości) z wykorzystaniem sprzętów domowych na długo zagościł w moim terminarzu. Przez długi czas brak pożądanych efektów nie zrażał mnie do dalszych wysiłków. Niemniej potrzeba fizjoterapii z prawdziwego zdarzenia w pewnym momencie dała o sobie znać. I to w sposób, którego absolutnie bym się nie spodziewała.

Gdzieś tam na pierwszym roku studiów doktoranckich brałam udział w zajęciach poświęconych terapii różnych zaburzeń mowy. Przy okazji omawiania choroby Parkinsona naszła mnie myśl: „A może poszukam jakichś zagranicznych rozwiązań dla siebie?" (Zajęcia dotyczyły metod terapeutycznych stosowanych głównie poza Polską.). Sama zdziwiona faktem, że wcześniej nie wpadłam na ten pomysł, zaczęłam szukać. Tak wpadłam na Coordination Dynamics Therapy. Dokładnie nie pamiętam już, jak od początku to przebiegało, ale na pewno napisałam maila do twórcy tej metody i chyba musiał mi wyjaśnić, jak mogę z niej skorzystać. Wtedy nie podejrzewałabym siebie o takie szaleństwo, ale niewiele myśląc zarezerwowałam lot z Poznania do Zurychu z przesiadką w Kopenhadze, skąd pociągiem miałam jechać do Solothurn, aby ową terapię wypróbować. Wróciłam tego samego dnia (mówiłam, że szaleństwo ;)) i stwierdziłam: To jest to. Oczywiście „to" było związane z kosztami. Odważyłam się założyć zbiórkę pieniędzy na ten cel i… udało się. Sprzęt został sprowadzony do Polski, ja zaczęłam ćwiczyć i naprawdę widziałam efekty, tym razem, jeśli chodzi o sprawność.

Po dłuższym czasie jednak znowu przyszedł kryzys. Tym razem niezwiązany z brakiem pożądanych rezultatów (zauważyłam naprawdę duży progres), a z poczuciem bycia odrzuconą. Tym razem ten kryzys był na tyle silny, że zaprzestałam w zasadzie wszystkiego, co nie było mi niezbędne do życia (czyli tak naprawdę ograniczałam się do jedzenia, picia i spania, z naciskiem na to ostatnie). Po kilku miesiącach byłam w stanie bezwiednie scrollować Facebooka. Natrafiłam na post o darmowym treningu personalnym. I tak, mając w głowie motywację: „Zobaczysz, że ja też potrafię wyglądać!", trafiłam na siłownię. Rzeczywiście treningi przez długi czas się sprawdzały. Nawet moja sylwetka zaczęła się poprawiać. Nie wspominając już o zwiększonej sprawności. Niestety po jakichś dwóch-trzech latach mój organizm, produkując nieprawidłowe ilości hormonów powiedział „stop" i z siłownią trzeba było się pożegnać. Ale krótko przedtem poznałam obecną fizjoterapeutkę neurologiczną, więc ciągłość aktywności została zachowana. Na siłownię nie udało się wrócić, ale domowy trening z wykorzystaniem rollera czy hantli zdarza się dość często.

Z perspektywy czasu stwierdzam, że te zawirowania ze wszelkiego typu aktywnością fizyczną wynikały u mnie ze złego położenia akcentów. Wspomniana już przeze mnie Renee Engeln w „Obsesji piękna" wskazuje, że aktywność fizyczna podejmowana z intencją polepszenia swojego wyglądu prowadzi do frustracji, a często do jej zaprzestania. Dopiero chęć poprawienia swojej kondycji przynosi satysfakcję z jej wykonywania i znacznie zwiększa szanse niezaprzestania jej. Skoro więc ja myślałam znowu tylko o tym, jak wyglądam albo ewentualnie o tym, w jaki sposób niepełnosprawność mnie ogranicza, nic dziwnego, że w pewnym momencie się poddawałam.

Ta historia mojego zmieniającego się stosunku do podejmowania aktywności fizycznej moim zdaniem doskonale pokazuje zależność między ciałem a umysłem. Okazuje się, że z fizjoterapią neurologiczną zetknęłam się w momencie, kiedy, po pierwsze, w mojej głowie zaczął panować względny porządek, a po drugie, przestałam upatrywać w całkowitym odzyskaniu sprawności remedium na wszystkie moje problemy. W tym momencie jestem na etapie, w którym owszem, dążę do odstawienia balkonika i czasem bywam sfrustrowana brakiem szybkich efektów, ale jednocześnie wiem, że jeśli do tego jednak nie dojdzie, to przecież nic złego się nie wydarzy. Po prostu będę funkcjonować tak jak dziś, czyli w sumie całkiem nieźlc ;)

Jeśli chodzi o pracę z psychiką, to tak naprawdę zaczęłam od samodzielnego przepracowywania pewnych tematów, refleksji nad problemami natury egzystencjalnej (natura humanistki niewątpliwie mi je ułatwiła) i... prowadzenia bloga (werbalne wyrażanie emocji okazało się mieć ogromną moc). Jednak życie pokazało, że niektóre sytuacje mają tak silny wpływ na psychikę, że samemu już się nie da rady i trzeba poprosić o pomoc specjalistę. Tak było i ze mną. Do gabinetu zaprowadził mnie naprawdę silny kryzys, z którym nie mogłam już sobie poradzić. Kiedy zaczęłam pracować z psycholożką, wszystko zaczęło nabierać pewnej struktury. A dokładniej rzecz ujmując - to, co miałam przepracowane dzięki samodzielnej pracy, w teorii zaczęło niejako scalać się ze sferą emocjonalną. Na chwilę obecną już nie jestem w terapii, ale nie oznacza to, że nie pracuję nad własną psychiką. Raz rozpoczętego procesu już się nie przerywa. Różnić się może tylko jego przebieg.

Zanim zaczęłam moją przygodę z psychoterapią, potrafiłam doświadczać naprawdę silnych stanów depresyjnych. Zbawienne okazało się jednak to, że nigdy nie kazały mi one się poddać, tylko wręcz przeciwnie. Mimo, że gdzieś w środku wręcz krzyczałam, że mam dosyć, to jednocześnie, wbrew własnej niewierze w ich istnienie, chciałam szukać rozwiązań.

I tak rozwiązania zaczęły przychodzić. A wraz z nimi - świadomość siebie i akceptacja pewnych stanów rzeczy: tego, że funkcjonuję trochę inaczej czy potrzebuję na coś więcej czasu. Ale również tego, że czasem mimo wszystko nachodzą mnie niezbyt optymistyczne myśli, z którymi na całe szczęście już potrafię pracować.

Sferą duchową zaczęłam zajmować się trochę „przy okazji", kiedy to usilnie szukałam kontaktu z drugim człowiekiem (tą historię opisuję w jednym z poprzednich rozdziałów). Dziś z całą stanowczością powiem, że to właśnie ona jest fundamentem pod działania związane z ciałem i psychiką. Bez niej nie ma mowy o ich zjednoczeniu. Zajmij się nią na swój indywidualny sposób, ale pod żadnym pozorem jej nie zaniedbuj.

A teraz zapraszam Cię do przeanalizowania CUD-u. Tak, w końcu pierwsze litery słów „ciało", „umysł" i „dusza" tworzą wyraz „cud".

KARTA PRACY NR 10

CAŁA JA/CAŁY JA

Zadanie nr 1

Opisz swój wygląd.

____

____

____

____

____

____

____

____

____

Zadanie nr 2

Co obecnie zajmuje Twoje myśli?

____

____

Zadanie nr 3

Jakie uczucia i emocje w Tobie dominują?

Zadanie nr 4

Teraz wyobraź sobie, że jesteś kobietą z niepełnosprawnością i spróbuj wykonać poprzednie trzy zadania. Jeśli jesteś kobietą z niepełnosprawnością – wczuj się w rolę osoby bez niepełnosprawności.

____

____

____

____

____

____

____

____

Zadanie nr 5

Zestaw opisy tych dwóch osób na trzech poziomach, o których mowa w poprzednich zadaniach. Jakie wnioski Ci się nasuwają?

____

____

____

11

Powołanie.

Miejsce każdego z nas zależy wyłącznie od naszego powołania. Powołania nie znajduje się po prostu po zastanowieniu i przeanalizowaniu różnych dróg - ono jest odpowiedzią otrzymaną w modlitwie.

Edyta Stein

Odkryć swoje powołanie. Dla mnie swego czasu to była totalna abstrakcja. No bo jak mam robić coś, co jednocześnie chcę robić, a czego robić nie mogę ze względu na to, że sama nie mogę wyjść z domu? Jak założyć rodzinę, skoro każdy Ci mówi, że tej rodziny nie założysz? Skoro powołanie ma każdy, to niepełnosprawność nie powinna go przekreślić. A jednak ludzie twierdzą, że go nie mam, albo raczej, że nie mogę go realizować. Pomieszanie z poplątaniem. I teraz pytanie: Skoro w rozeznawaniu masz kierować się też głosami z zewnątrz, to jak pogodzić je z tymi, które pochodzą z głębi Ciebie? W pewnym momencie to już stał się rodzaj paranoi.

Z moim analitycznym umysłem bardzo lubię rozkładać wszystko na czynniki pierwsze. Tak było też i w tym przypadku. W pewnym momencie doszukałam się, że powołanie ma również aspekt socjologiczny, czyli realizację powołania w kontekście grupy odniesienia. Chyba zawsze dążyłam do tego, żeby „wtopić się" w, nazwijmy to, sprawny świat. I to chyba motywowało mnie też do rozwoju. Jednocześnie moją grupą odniesienia były zawsze osoby z niepełnosprawnością. Ale tą niepełnosprawnością, która ogranicza. Między innymi w realizacji tego całego powołania. No a co z moim wewnętrznym głosem? Nie no, przecież nie mogłam go w ogóle ignorować!

Kluczem jest tu pogodzenie rzeczywistości z głosem wewnętrznym. Jak to zrobić? Najlepiej uwzględnić to, co Cię pozornie ogranicza i wkomponować to w Twoje powołanie. Ja zawsze czułam, że chcę działać z ludźmi i dla ludzi. Po setkach nieudanych rozmów kwalifikacyjnych założyłam w końcu własną działalność, która w centrum stawia właśnie niepełnosprawność. A która działa dla ludzi. W jej ramach pracuję z dziećmi, pokazując im w formie warsztatowej, czym jest niepełnosprawność. Dorosłym z kolei proponuję szkolenia w zakresie wdrażania dostępności w ich organizacjach. Nie zaprzepaszczając wykształcenia lingwistycznego, tłumaczę z kolei teksty z oraz na język niemiecki i angielski, głównie z zakresu medycyny i terapii. Biorę również udział w projektach naukowych.

A co z powołaniem do relacji? Paul Evdokimov pisał, że kobieta może realizować się tylko w odniesieniu do mężczyzny. A wszyscy mi mówią, że to nie dla mnie. Czyli ja nie mogę się realizować? O co w tym wszystkim chodzi? Tego chciałam się właśnie dowiedzieć.

Zanim jednak do tego przejdę, zatrzymaj się proszę chwilę nad zagadnieniem powołania.

KARTA PRACY NR 11

POWOŁANIE

Zadanie nr 1

Jakie czynniki Twoim zdaniem należy uwzględnić, biorąc pod uwagę wybór ścieżki życiowej?

Zadanie nr 2

Na ile opinie innych osób mogą mieć wpływ na tę decyzję?

Zadanie nr 3

Czy niepełnosprawność sama w sobie może stać w opozycji do tego, co pragnie się robić w życiu?

12

Czy jestem atrakcyjna?

Inteligencja jest seksowna, a w dodatku przemija znacznie wolniej niż
atrakcyjność fizyczna.

A. Lesiewicz

W przypadku niepełnosprawności poczucie bycia inną oraz głosy mówiące, że nie nadajesz się do związku, wpychają Cię w pewien paradoks. Z jednej strony rozpaczliwie chcesz w niego wejść (również dlatego, żeby udowodnić innym, że nie mieli racji) a z drugiej – zamykasz się na niego, bo wierzysz, że nikt się Tobą nie zainteresuje. Że dla nikogo nie możesz być atrakcyjna. Ze mną właśnie tak było.

W jaki sposób zaczęłam wychodzić z tego schematu myślenia? Przede wszystkim uświadomiłam sobie, że atrakcyjność ma różne wymiary (interpersonalną - dotyczącą stosunków między poszczególnymi osobami; intelektualną – rozumianą jako elokwencja lub wysokie kompetencje w danej dziedzinie; emocjonalną czy duchową – atrakcyjność „sposobu bycia"). A później, w chwilach kryzysu, ciągle sobie to powtarzałam.

Prawda jest jednak też taka, że 80 procent bodźców dociera do nas za pośrednictwem wzroku. Nie ma się więc co obrażać na rzeczywistość i trzeba zaakceptować fakt, że w pierwszej kolejności rejestrujemy to, co widzimy. Nie mam wpływu na to, że ktoś w pierwszej kolejności wyłapie moją niepełnosprawność i być może uruchomią mu się błędne przekonania z nią związane. Ale mam wpływ na to, co mój rozmówca zrobi ze swoim postrzeganiem w trakcie interakcji.

Poza tym to, że wyglądam inaczej, nie zwalnia mnie z dbania o swój wizerunek. I nie, nie przykryję inności ubraniami czy makijażem (zresztą nie o to chodzi, żeby coś ukrywać, a w konsekwencji – udawać). Ale dbając o siebie, mogę poczuć się bardziej atrakcyjna. Również fizycznie. Oczywiście to znowu nie jest czarodziejska różdżka, za pomocą której bez uprzedniego poukładania sobie wszystkiego w głowie zaczniesz się czuć tak samo piękna jak sprawne dziewczyny (choć może u Ciebie się tak zdarzy, kto wie?). Ale to, że dbam o siebie na miarę swoich możliwości, na pewno ma ogromną moc.

A co Ty myślisz na temat atrakcyjności?

KARTA PRACY NR 12

ATRAKCYJNOŚĆ

Zadanie nr 1

Czym jest atrakcyjność?

Zadanie nr 2

Na jakich płaszczyznach kobieta z niepełnosprawnością może czuć się atrakcyjna?

____

____

____

____

____

____

____

____

Zadanie nr 3

W jaki sposób budzić w kobiecie z niepełnosprawnością poczucie
atrakcyjności? W jaki sposób ona sama może je budzić?

____

____

____

____

____

____

____

____

____

13

Moje priorytety.

Samotność jest dla umysłu tym, czym dieta dla ciała.

Luc de Clapiers de Vauvenargues

Chyba większość dziewczyn w pewnym momencie zaczyna marzyć o księciu na białym koniu, który uratuje je z ich wież (swoją drogą to moje 14. piętro, na którym mieszkam, z powodzeniem mogłoby spełniać rolę takiej wieży ☺). A jeśli nie większość, to na pewno spora część. I ja do tej sporej części należałam. Jednocześnie, jak już pisałam wcześniej, miałam to „szczęście” obracać się w tej (nadal chyba niestety większej) części społeczeństwa, która była zdania, że moja niepełnosprawność to wyklucza.

Poczucie bycia atrakcyjną umożliwia wchodzenie w relacje damsko-męskie. Niepełnosprawności z kolei towarzyszy często poczucie nieatrakcyjności, prowadzące do przekonania, że nikt nie jest w stanie się zainteresować kimś, kto taką niepełnosprawność posiada. Często spotykam się też z myśleniem, że jeśli jeden partner posiada niepełnosprawność, to „sprawna” strona jest obciążona opieką i wykazuje poświęcenie na miarę męczeństwa. Owszem, wsparcie ze strony partnera bez niepełnosprawności jest konieczne, ale to działa w obie strony. Związek wymaga przecież pełnego zaangażowania obu partnerów. Tylko zaangażowanie każdej strony będzie wymagało czegoś innego. Ale przecież tak się dzieje we wszystkich związkach. Faktem jest, że osoba z niepełnosprawnością może mieć trudności z zaakceptowaniem konieczności wsparcia w nawet podstawowych czynnościach. I to chyba wymaga nawet większego wysiłku niż akceptacja niepełnosprawności ze strony sprawnego partnera.

Z domu wyniosłam obraz żony zajmującej się wszystkimi obowiązkami domowymi. Siłą rzeczy, moje ograniczenia fizyczne na lata wykluczyły mnie z ich wykonywania. W związku z tym długo myślałam, że ja się do roli żony przecież nie nadaję. I choć dziś sama jestem w stanie posprzątać, wyprać, ugotować (a nawet to zjeść ☺), i – uwaga – lubię to, to wiem, że przecież nie to jest najważniejsze i w żaden sposób nie umniejsza mi jako kobiecie, jeśli w tym zakresie poproszę o pomoc. Poza tym na rynku jest tyle sprzętów ułatwiających wykonywanie obowiązków domowych, że naprawdę nie ma się czym przejmować. A czasem wystarczy pomysłowość.

Kolejną kwestią bezpośrednio związaną z niepełnosprawnością jest bycie mamą. No i oczywiście ja też nią chciałam być. Ale mimo zdobytej dużym wysiłkiem samodzielności i niezależności, sama nic tu nie zdziałam ☺

Macierzyństwo kobiet z niepełnosprawnością jest postrzegane, delikatnie rzecz ujmując, różnie. Do dziś spotykam się ze stwierdzeniami, jakoby to był pewnego rodzaju egoizm, że to dziecko będzie zajmowało się mamą, że mama nie poradzi sobie w wypełnianiu swojej roli... Nic dziwnego, że w kobietach budzi się lęk, czy sobie poradzą. W trakcie ciąży problemem staje się niedostępność gabinetów i, niestety jeszcze stosunkowo częste, stereotypowe postrzeganie niepełnosprawności przez ginekologów. Ciąża wiąże się też ze zmianami zachodzącymi w ciele. Jeśli kobieta z niepełnosprawnością ma problem z akceptacją własnego ciała w ogóle, może doświadczać jeszcze większych problemów będąc w ciąży. Z kolei połóg to czas, kiedy może ona wymagać większego wsparcia psychicznego. Jeśli połączymy to z psychiką kobiety z niepełnosprawnością, okazuje się, że potrzeba wsparcia jest jeszcze większa.

Osobiście nie doświadczyłam jeszcze macierzyństwa w sensie biologicznym. Czy to kiedyś jeszcze nastąpi? Nie wiem. Ale wierzę. Wierzę, że tak.

A jeśli nie? No cóż. Istnieje jeszcze coś takiego jak macierzyństwo duchowe, czyli troska o drugiego. A kiedy tak rozglądam się dookoła, to widzę wyraźnie, że wielu przydałoby się wychować ☺

Pisząc te słowa jestem singielką. Przez lata żyłam w przekonaniu, że wszystkiemu winna jest niepełnosprawność. Potem —osoby mówiące mi o tym, że zostanę sama. Aż w końcu przyszło oświecenie ☺ Przecież każdy z nas decyduje o tym, w jaki sposób kształtuje swoje życie. Albo może raczej, co o nim myśli.

Oczywiście nie wykluczam, że tak już zostanie. Ale jeśli tak będzie, to tylko dlatego, że tak się zdarza. I nie mam zamiaru z tego powodu nosić żałoby. W życiu w pojedynkę tkwi bowiem pewien paradoks. Umiejętność bycia samej ze sobą otwiera na relacje, a ich brak nie boli. Problem pojawia się wtedy, jeśli przez to, że ktoś kiedyś coś o nas powiedział, przestajemy lubić siebie. Wtedy trzeba bardzo dużego wysiłku, żeby tą relację zbudować na nowo. Ale, jak widać na załączonym obrazku, da się 😊

I takiej relacji na zakończenie Ci życzę!

KARTA PRACY NR 13

SAMOTNOŚĆ-MAŁŻEŃSTWO-MACIE-RZYŃSTWO

Zadanie nr 1

Wypisz konkretne, pozytywne aspekty samotności.

____

____

____

____

____

____

____

Zadanie nr 2

W czym dokładnie objawia się gotowość do związku? Czy niepełno-sprawność w jakiś sposób na nią wpływa?

____

____

Zadanie nr 3

Podaj konkretne przykłady realizacji macierzyństwa innego niż biologiczne. Weź pod uwagę różne rodzaje niepełnosprawności.

www.ingramcontent.com/pod-product-compliance
Lightning Source LLC
Chambersburg PA
CBHW071206130726
47998CB00002B/644